Histórias
que podem mudar
sua vida

Caro leitor,

Queremos saber sua opinião sobre nossos livros. Após sua leitura, acesse nosso *site* (www.editoragente.com.br), cadastre-se e contribua com sugestões, críticas e elogios.

Boa leitura!

Ellen Dastry

Histórias
que podem mudar
sua vida

Editora Gente

Diretor-Geral
Henrique José Branco Brazão Farinha

Gerente Editorial
Eduardo Viegas Meirelles Villela

Editor-Assistente
Cláudia Elissa Rondelli

Editor de Desenvolvimento de Texto
Juliana Nogueira Luiz

Editor de Produção Editorial
Rosângela de Araujo Pinheiro Barbosa

Copidesque
Adriana Parra

Revisão
Gisele Moreira

Projeto Gráfico e Editoração
ERJ Composição Editorial

Capa
Weber Amendola

Impressão
Paulus Gráfica

Copyright © 2009 by Ellen Dastry
Todos os diretos reservados.
Todos os direitos desta edição são reservados à Editora Gente.
Rua Pedro Soares de Almeida, 114
São Paulo, SP – CEP 05029-030
Telefone: (11) 3670-2500
Site: http://www.editoragente.com.br
E-mail: gente@editoragente.com.br

Dados Internacionais de Catalogação na Publicação (CIP)
(Câmara Brasileira do Livro, SP, Brasil)

Dastry, Ellen
    Histórias que podem mudar sua vida /
Ellen Dastry. -- São Paulo : Editora Gente, 2009.

    ISBN 978-85-7312-632-7

    1. Amor 2. Avós e netos 3. Conduta de vida
4. Família - Histórias I. Título.

09-01732   CDD-869.3

Índices para catálogo sistemático:
1. Histórias de família : Literatura brasileira 869.3

Dedico estas histórias e o carinho nelas contido às minhas crianças, sobrinhos e afilhados, que assim poderão aproveitar um pouco de uma avó maravilhosa, com quem eles não tiveram a oportunidade de conviver o suficiente: Amanda, Marília, Rafael, Pamela, Ana Beatriz e Maria Luiza.

Prefácio

Tristes tempos vivemos. Calçamos os sapatos do imediatismo e corremos por ruas pavimentadas pelo individualismo, cruzando esquinas de competições estéreis, para chegarmos a lugar nenhum ou ao desencontro de nossa própria essência, hoje, aparentemente tão rude.

Temos pressa! O "agora" é a tônica da existência no moderno. A celeridade é imposição clara do cotidiano. Uma pena... Quanto mais velozes tentamos ser, mais lentos nos tornamos para alcançar o que realmente vale. Detesto correrias. Talvez e, mesmo por isso, com tanto a dizer e recomendar de todas as histórias abrigadas neste livro, reflito sobre o que é lógico, sobre o que é prático, sobre o que é definido.

Em tempo nenhum será possível comprar alguns quilos de amor ou muitos metros de paz.

A contemporaneidade nos fez esquecidos de termos sido criados animais interdependentes, inconscientemente ligados uns aos outros por cordões tecidos pelo maior de todos os humanos teares: a Família.

Nossa história particular, embora em contextos diversos, terá sempre identidade com as que minha amiga Ellen nos traz, pois elas apenas mudam de endereço ou a cegueira emocional não nos deixa vê-las.

O exemplo humanístico de uma avó certamente deixou-me mais rico interiormente. Com ela aprendi como sou frágil e finito, a ponto de todas as manhãs despertar agradecendo ao meu sono por ter guardado fidelidade ao meu último suspiro; que viver é um prêmio, e a razão de estarmos vivos é o sonho, mas, quando o tiramos do coração de um homem, tiramos sua vida.

Como ela mesma nos diz, "leve a vida em ritmo tranquilo, tecendo o bordado da sua história. Tenha paciência para realizar seus sonhos".

Um beijo, sucesso
Ronnie Von

Introdução

Todos os equipamentos eletrônicos que compramos já vêm com "manual de instrução". Por meio deles aprendemos para que serve cada botão e temos todos os detalhes do aparelho. Já estão previstas, inclusive, datas para a manutenção das peças.

Mas para viver não temos um manual que oriente e facilite o nosso caminho. Em especial no caso da mulher, cuja vida começa a ser bem difícil desde pequenininha. Exagero? O pai, o tio e o avô a tratam como a menininha, bonitinha e a boazinha — essa é a maior expectativa deles para ela. A mãe e a tia enchem a criança de lacinhos, de modo que ela não consegue brincar na própria festa de aniversário, de tão arrumada que está. As qualidades intelectuais que começam a despontar na menina não são tão observadas quanto o cabelo arrumado ou a roupa bonita. Por fim, ela acaba entrando na maratona da vida sem preparo para enfrentá-la e sem ter muita noção da realidade dura que a espera.

Hoje em dia, com a maioria das mães ocupadas com seu emprego, um novo cenário abre espaço na educação das crianças: a avó tem se tornado uma figura muito mais presente na vida das famílias modernas. A casa da vovó deixou de ser somente o lugar para o passeio de domingo, onde a família se reúne. Muitas vezes é a avó que fica com os netos no dia-a-dia, enquanto a mãe trabalha.

Essa nova formação da família brasileira pode ser extremamente enriquecedora, porque a avó é uma figura muito diferente de todas as outras pessoas que temos por perto. Ela já viveu bastante e conhece praticamente todas as coisas que você pode imaginar. Já enfrentou de tudo, e talvez com mais dificuldade, porque o universo da mulher tem sido mutante ao longo dos tempos.

A avó vê a beleza com outros olhos, porque as rugas e o cabelo branco já lhe fizeram perceber outros aspectos da vida. Ela já amou, já perdeu pessoas queridas, já viu a vida acontecer. Ela nos mostra o nosso possível amanhã, construído das experiências permeadas de afeto e sabedoria, que só muitas passagens de ano podem oferecer.

Embora eu também não tivesse um manual de instruções para a minha vida, foi-me concedida a bênção de ter uma avó que soube passar-me a sua experiência e ensinar-me sobre as coisas que a fizeram viver feliz por toda a sua jornada.

Minhas dúvidas sobre a vida são as mesmas que as de todas as mulheres. Mas, criança, adolescente, jovem, adulta, em todas as fases e a cada momento, encontrei a comunhão com minha avó e seus ensinamentos funcionaram como a mão que me apoiava a cada salto — e ainda hoje apoia, pois nossas conversas vivem dentro de mim. Ela me presenteou com todos os elementos necessários para eu sobreviver nestes novos tempos.

Como é a sua avó? Talvez ela seja parecida com a minha, afinal, todas as avós se parecem! Como era a minha avó? Nem gorda, nem magra. Nem velha, nem jovem. Mulher! Uma mulher linda e amorosa. Nunca soube ao certo a sua idade, porque isso nunca me pareceu importante. Brincos grandes, batom e um pouco de laquê — coisas indispensáveis.

Quando eu era criança, e até completar uns 15 anos, a vovó parecia ser muito grande. Pés, mãos, braços, seios... Tudo nela parecia grande. Eu cabia perfeitamente em seu

Introdução

colo e ali me acomodava muito bem. Quando fiquei mais velha, ela já não parecia tão grande assim, mas nunca a vi pequena, nem mesmo do meu tamanho. A lembrança que eu guardo da minha avó é de uma mulher altiva.

Surpreendente, curiosa, sempre com fome de novidades, cheia de ensinamentos em cada palavra, em cada forma de agir, ela sempre esteve por perto de todos nós: nos finais de semana ou em qualquer dia em que sua presença fosse indispensável.

Cabelos castanhos, ondulados e curtos. Pele clara, mas não alva, e os olhos... Havia algo em seus olhos castanhos que sempre me chamaram a atenção!

Os olhos da minha avó me viram crescer e acompanharam atentamente cada passo, cada aprendizado meu. Vi seus olhos chorarem com minhas tristezas; se emocionarem com as vitórias que eu trouxe para casa; sorrirem com as descobertas que fiz; ficarem aflitos com os momentos de indecisão pelos quais eu passei. Os olhos dela viveram as minhas histórias e viram brotar em mim cada gota de ensinamento que a vida me deu. Olhos atentos, eles muitas vezes corrigiram o caminho de uma lição mal interpretada por mim. Funcionaram com um fermento de amor que me fez crescer.

A vovó usava dos ditos populares, dos provérbios que aprendeu nos livros de grandes escritores e outros que ela própria criou. Mas mesmo quando as frases eram feitas por ela, nunca assumia a autoria. Dizia sempre: "Ouvi uma vez...".

Ah! E as histórias que ela contava? Todas, segundo ela, verdadeiras. Mas todas também na medida exata para nos dizer o que precisávamos ouvir ou saber.

São essas experiências, a sabedoria contida nas histórias contadas por minha avó, ou vividas ao lado dela, a observação da vida, a amizade profunda entre uma garota e uma senhora, que trata este livro. Cada conto é um momento, uma história e uma lembrança sem fim, retratando uma vida feliz e falando da sabedoria do convívio em família.

Se você teve ou tem avós, poderá entender e aproveitar melhor as experiências que vai ver relatadas aqui. Se você não teve a felicidade de conviver com a sua avó, eu lhe emprestarei um pouco da minha. Você vai se surpreender ao sentir como uma velhinha doce e gentil, embora enérgica quando preciso, pode melhorar em muito a sua vida.

Sente-se no chão, imagine-se ao pé de uma cadeira de balanço... E boa leitura!

Sumário

Brincadeira de criança
A importância de valorizar as aptidões ... 1

A teoria do razoável
A busca do equilíbrio ... 4

A sorte das feias
Enfatizar a verdadeira beleza ... 7

Comparações
Para que servem? ... 10

A caixa de segredos
Cuidar do que você tem de mais valioso ... 13

Meu Santo Antônio
Uma questão de fé ... 16

Filha adotiva
A expressão máxima do amor ... 19

Histórias de Natal
O verdadeiro espírito natalino ... 22

Irmãos
Uma convivência essencial — 25

O príncipe encantado
Para encontrar sua cara-metade — 28

Amor
A verdade de uma relação — 32

Presente de casamento
Cuidar diariamente do relacionamento — 35

Para quem reclamar do marido
Reconciliação — 39

Viver uma separação
Uma difícil e dolorosa experiência — 42

Fígado com quiabo
Um ato de amor — 46

A força de uma amizade
A importância de cultivar amigos — 49

Ora, as brigas
Como superar as desavenças — 52

Cartas ao meu avô
Como lidar com a saudade — 55

Uma pequena grande criança
Enxergar a vida onde a vida existe — 58

O grande objetivo da vida
Quem quer ser feliz encontra um meio — 61

SUMÁRIO

Ponto a ponto
Paciência para realizar os seus sonhos — 64

O inatingível
Tudo é relativo — 67

Esperar pela festa
A alegria está na jornada — 70

Cozinhar os alimentos
Superar as dificuldades — 73

Demissão
Tudo depende do ângulo de onde você olha — 76

Grandes males, grandes remédios
Encarar os problemas de frente — 79

Experimente um pouquinho
A vida feita de sabores — 82

E se?...
O caminho certo — 85

Ai, que medo!
Uma forma de vencer seus temores — 88

A hora certa
Pensar antes de decidir — 91

Fracassar ou desistir?
Quando é preciso arriscar — 94

O tempo das coisas
Respeite-o e afaste a ansiedade — 97

Amor é atitude
Demonstrar amor nas pequenas coisas — 100

Um simples batom
Aprenda a gostar mais de você mesma — 103

O conhaque e a cerveja
Saber tratar as tristezas — 106

Doenças incuráveis
Aceitar o inevitável e viver o melhor — 109

Conviver com as perdas
Não deixar de viver por temer a morte — 113

O conforto das rugas
Saber envelhecer — 116

Navio viking
Manter cada coisa em seu lugar — 119

Rotina
Um bem necessário — 122

Café com farofa
Ouvir mais do que falar — 125

Conclusão — 127

Carta a um médico — 132

Dia dos avós — 135

Agora, diga-me você! — 136

BRINCADEIRA DE CRIANÇA

A importância de valorizar as aptidões

As brincadeiras de criança são, em sua maioria, a transferência do mundo real para um imaginário menor, mais fácil de ser controlado e com embates mais divertidos de serem superados. Talvez seja o "brincar mais" que falte para muitas pessoas que nunca amadurecem. Por meio das brincadeiras de criança, bem orientadas e acompanhadas por adultos que nos amam, podemos descobrir e despertar os dons que darão rumo à nossa vida.

Rolar no chão, brincar de esconde-esconde, pega-pega, jogar bola... Decididamente, ninguém jamais viu minha avó numa dessas situações. Mas ela sabia brincar como poucos. Durante as brincadeiras, ela nos ajudava a imaginar que já éramos adultos. A brincadeira era mais legal desse jeito. Afinal, sempre temos crianças para brincar conosco, mas um adulto que acredita que somos adultos, ah, isso é que é realmente diferente!

Me lembro de uma de suas invenções, uma brincadeira chamada túnel do tempo. Com ela, vovó fazia com que eu voltasse à época em que ela mesma era menina. Sem enlatados nem doces industrializados. Nem padaria na esquina. Brincávamos de viver da mesma maneira como viviam as crianças de sua época. Fazíamos doces e lanches, tudo com sabor de história. Enquanto brincávamos, ela me contava como eram as roupas, os sonhos, o que acontecia no Brasil e no mundo na época em que ela era criança.

Cheguei a fazer com ela um sabonete — imagine, em vez de comprar um sabonete, fazê-lo em casa! Fizemos xampu para os cabelos e *blush* com papel crepom — muito ruim, mas gostoso de brincar. Ela me contava como a moda chegava ao país, como eram os jornais e as viagens entre as cidades. Tudo tão diferente do que eu vivia!

As brincadeiras não paravam por aí. Ela era uma ótima contadora de histórias. Suas histórias eram elaboradas, com personagens novos para a minha cultura. Ela gostava muito das lendas brasileiras e suas narrativas eram interessantes, misteriosas, algumas até assustadoras, mas surpreendentes para as crianças, especialmente porque eram muito bem contadas.

Havia também outras histórias, que ficavam ainda mais legais com as sugestões dela. A vovó juntava todos os netos (na época, éramos quatro) e lia vários livros — ela gostava muito de Monteiro Lobato. Lemos a coleção completa. Mas só depois que líamos é que começava a brincadeira. Ela instigava nossa imaginação e nos desafiava a mudar a história que tínhamos ouvido. Dizia-nos para aproveitar o começo da história do livro e dar um novo rumo para aquele conto, ou manter só o final e mudar todo o começo. Muitas vezes ela mesma começava uma nova narração e pedia para cada um de nós continuarmos. Era divertido! As histórias muitas vezes davam um nó e ficavam difíceis de terminar.

É interessante observar que a maioria das pessoas passa pela vida, convive com várias crianças, sejam elas filhas, sobrinhas, vizinhas, e não repara em suas aptidões. A vovó conseguia perceber nossos diferenciais. Elogiava em cada um dos netos um aspecto diferente, como se fosse "aquele" o ponto que o fizesse único, especial. Eram nossas aptidões que ela descobria e fazia brilhar em nossas brincadeiras.

E você? Tem brincado com seus filhos, com seus sobrinhos e outras crianças? Já elogiou algo especial que eles tenham e que os faça diferentes das outras pessoas?

Não perca a oportunidade de fazer de uma criança uma pessoa melhor, mais segura e feliz. Valorizar as aptidões da criança é dar a ela a chance de transformar-se em alguém mais feliz, no presente e no futuro. É ajudá-la a tornar-se aquilo que ela realmente sente que precisa ser e dar a você mesmo a oportunidade de tornar-se um adulto mais completo.

A TEORIA DO RAZOÁVEL

A busca do equilíbrio

O que você quer ser quando crescer? Toda criança tem a resposta na ponta da língua, a maioria dos adolescentes tem dúvidas sobre isso e muitos adultos não sabem bem o que querem. Bem, estes ficam com essa pergunta na cabeça para o resto da vida.

Mas, em geral, essa pergunta se refere apenas ao aspecto profissional de nossa vida. Ninguém pergunta "Que tipo de esposa eu quero ser?", ou "Que tipo de filha vou ser quando crescer?", ou, ainda, "Que tipo de mãe vou ser para os meus filhos?". Quando somos jovens, em geral, limitamos nosso foco ao campo profissional quando falamos em futuro, esquecendo que temos múltiplas facetas a serem vividas. Também sobre isso vovó me deixou uma lição maravilhosa.

Eu crescia, estava me tornando uma mocinha, cheia de sonhos. Havia ingressado na faculdade naquele ano. Um mundo inteiramente novo se abria à minha frente. A vovó estava tão entusiasmada com a minha nova vida quanto eu. Ela dizia que era capaz de enxergar o mundo através dos meus olhos e me esperava acordada todas as noites para que eu pudesse contar a ela o meu dia.

A TEORIA DO RAZOÁVEL

Nesses papos noturnos, quase cansados, confessei à minha avó que adoraria ser uma profissional bem-sucedida, uma jornalista reconhecida. Queria escrever, ter minha própria coluna e por aí afora. Esses eram meus projetos de vida.

Um dia, vovó me perguntou se eu conhecia a teoria do razoável. Claro que eu não tinha a menor ideia do que ela estava dizendo. Então, ela passou a me contar:

— Na vida assumimos, no mínimo, cinco cargos diferentes: mãe, filha, companheira, amiga e profissional. Se você decidir alcançar a excelência em um cargo, provavelmente será razoável em dois e péssima em outros dois.

Confesso que não entendi aonde ela queria chegar, mas vovó continuou a explicar:

— Por exemplo, se você quiser ser uma supermãe acabará sendo uma razoável filha porque não terá tempo para a sua mãe, e será uma razoável amiga porque também não terá tempo nem atenção para as amigas. E o pior: provavelmente será péssima companheira — porque os filhos ocuparão toda sua atenção, levando-a a deixar seu marido de lado — e também péssima profissional — porque a carreira não terá nem metade do tempo e da atenção que dedica a seu filho.

— E como resolver um impasse desses? — perguntei à minha avó. E ela me respondeu com um sorriso no rosto:

— Você pode adotar a teoria do razoável, ou seja, ter média 7 em todos os cargos: seja uma razoável mãe, filha, companheira, amiga e profissional. Num determinado momento você terá de ter dedicação total a um dos cargos, mas isso será apenas por um tempo determinado. Por exemplo, quando se casar, no primeiro ano preocupe-se em ser uma excelente companheira; nesse momento é que você estará traçando o futuro da sua relação. Quando você engravidar e tiver um filho, preocupe-se com a criança, deixe todas as outras coisas de lado. Mas tudo por um tempo determinado, o tempo necessário para fortalecer o seu cargo de mãe. Depois, volte à média 7, ao razoável, e mantenha-se assim em todas as posições de sua vida.

— Mas e se eu não quiser ser apenas razoável em um dos cargos? E se eu quiser ser melhor? — perguntei. Mais uma vez ela me respondeu como se a resposta fosse óbvia:

— Busque a excelência nesse setor da sua vida, mas sabendo que o ônus dessa premiação poderá ser um reflexo ruim em pelo menos outros dois setores. Vale a pena pagar esse preço pela excelência? Se valer pagar, vá em frente. Mas não se arrase na hora em que perceber que alguns outros aspectos da sua vida ficaram estrangulados para conceder ar à sua excelência em outros. Mas se você optar por ser razoável em todos os setores, da mesma forma não deverá sofrer por não ter conseguido alcançar o topo em algum dos seus cargos. A escolha é sua e o preço dessa escolha também é todo seu — ela concluiu, com aquele seu sorriso sábio e doce.

Jamais me esqueci da teoria do razoável. A vida parece mais simples quando colocada dessa forma. Optei por ser razoável em todos os setores da minha vida, mas descobri que isso também é bastante difícil, porque nessa escolha não dá para tirar um 5 ou um 6 em nenhuma das matérias. É constante a luta para alcançar o 7 e passar de ano. Vovó me explicou a teoria, mas não me disse que era tão difícil equilibrar as coisas na prática. Isso eu tive de aprender sozinha.

Mesmo assim, acreditei nessa história e até hoje me lembro dela quando preciso me esforçar mais em um determinado setor da minha vida, quando sinto que um deles está desabando por falta de cuidado, ou precisando de uma injeção de energia minha para vingar e dar bons frutos. Mas digo sempre para mim mesma: somente por um tempo. Depois volte a ser razoável em tudo.

Somos, em geral, nossos maiores cobradores. Daqueles chatos mesmo, que não desistem da cobrança. Quando você estiver frustrada com algo, cobrando-se por tudo, exigindo mais e mais de você mesma, lembre-se: você tem interesses múltiplos, é cheia de sonhos diversos, mas pode viver bem todas as suas escolhas. Basta que busque sempre o equilíbrio entre seus interesses. Nota 7 em tudo pode ser o segredo para uma vida feliz.

A SORTE DAS FEIAS

Enfatizar a verdadeira beleza

O que significa ter a sorte, o destino, das feias? Isso lhe parece de mau agouro? Então, que tal pensar melhor sobre isso? Deixe-me contar algo que aprendi quando ainda era bem nova.

Minha irmã sempre foi muito bonita; nunca se referiram a ela como "bonitinha", porque ela não é mesmo. Ela é bonitona, um mulherão. Nunca precisou de brilhos ou roupas chamativas para aparecer. Não é só a beleza de seus traços bem marcados que impressiona, mas também seu jeito de ser que encanta: altiva, cabeça empinada, peito pra frente, imponente. A tal da Rosana tem uma pose danada! Para completar, ela é muito vaidosa, anda sempre maquiada, com unha feita, cabelo arrumado e muitos adereços — ela carrega com propriedade colares, brincos, pulseiras e anéis. Ela é assim. É tão dela esse jeito que parece até que nasceu montada com a delicadeza e o capricho com que um joalheiro cria uma peça artesanal.

Numa noite de sábado, Rosana saiu de seu quarto, toda arrumada. Estava indo ao teatro. Minha avó virou para ela e disse:

— Boa noite, querida. Aproveite bem o passeio. Eu lhe desejo a sorte das feias.

Minha irmã riu com o comentário da minha avó e saiu, toda "posuda" e linda.

Assim que ela saiu, perguntei para a minha avó o que significava aquele comentário tão esquisito. Por que desejar a uma pessoa linda que tivesse a sorte das feias? Aquilo havia me deixado intrigada.

Não demorou muito para minha avó me convencer de que, como sempre, ela tinha toda a razão no que dizia.

— Para entender o que digo é preciso muito tempo de observação da vida. A mulher feia se sente inferiorizada, incapaz de conquistar as pessoas. Diante disso, ela cria um jeito especial, só dela, de fazer as coisas. Ela se esmera no aprendizado, cultiva a cultura e fomenta sua inteligência. Mas não para por aí. A mulher feia procura também ser doce no jeito de falar. Tem uma atenção extrema com o outro, porque quer agradar, quer chamar a atenção. Ela se enche de atributos, busca aprender boas maneiras e bom gosto. Tudo porque é feia. E aí, de repente, por trás da feiura daquela mulher, nasce uma pessoa especial: inteligente, doce, ponderada, cheia de charme. E o homem olha para aquela mulher e encontra tanta beleza que seu amor por ela se torna completo e intenso!

— A mulher feia envelhece com tranquilidade — continuou ela. — Afinal, sua vida não foi pautada na beleza da juventude e, em contrapartida, todos os seus atributos melhoram com o tempo. Um homem não se separa de uma mulher feia. O casamento da feia dura a vida toda, porque é mais sincero e apoiado no amor verdadeiro.

— Desejo, sim, para todas as mulheres que eu quero bem, a sorte das feias — e com ela a sua sabedoria. Esqueça a sua beleza, mesmo que você seja muito bela. Imagine-se feia, muito feia, e aja como tal. Dessa forma você vai se tornar uma mulher feliz.

Pensei muito no que minha avó me disse e em minha irmã tão linda... Mas foi só com o passar do tempo, só vendo chegarem as rugas em meu rosto e no rosto de muitas mulheres que eu conhecia, que pude entender melhor o que minha avó dizia. Hoje eu repito suas palavras: desejo a você a sorte das feias!

Ser feia ou bonita na verdade não importa. O que é essencial na vida é a busca pela excelência em todos os sentidos. Ser melhor a cada dia, fortalecer a alma e o coração. Dar argumentos para a sua cultura e seu aprendizado. Agir com amor e inteligência. Isso se chama valorizar a verdadeira beleza. Essa é a melhor fórmula para um caminho de felicidade. A beleza externa é só um detalhe. A beleza interna, a verdadeira beleza, é uma conquista de cada uma de nós.

Comparações

Para que servem?

Se você é aquela pessoa que viaja e fica comparando tudo o que vê com a sua cidade, não aproveita a beleza do lugar que visita. Se busca em cada pessoa um traço de semelhança com outra que conhece, perde a chance de conhecer de verdade pessoas interessantes. Não seria muito mais proveitoso fazer de cada nova experiência algo especial e único?

Família grande tem muitos aspectos interessantes. Entre eles, um bastante especial é aprender a lidar com pessoas bem diferentes de você — e amá-las. Quem convive com uma grande família dificilmente olha para qualquer situação ou pessoa com ar de preconceito. Na minha família, por exemplo, aprendemos a conviver com situações complicadas para a sociedade e absolutamente simples para nós. Todas as raças e classes sociais, as nacionalidades mais diversas se encontraram no nosso endereço, fazendo do amor uma mistura tremenda. Tinha tio rico casado com jovem pobre, moço feio com moça bonita, desquitados — que horror nos anos 60! —, homossexuais assumidos, letrado casado com "bronco", e por aí afora. Teve de tudo... E, claro, na esteira das diferenças, apareceram também as inevitáveis comparações. O mais rico, o mais feio, o mais inteligente, o mais velho...

COMPARAÇÕES

Lá estávamos nós, eu, minha irmã e meus primos, num papo animado usando deliberadamente "o mais" e "o menos" para todas as coisas e pessoas. A vovó tratou de fazer uns bolinhos-de-chuva e sentou conosco para participar da conversa. Quando percebeu nossas bocas cheias de gula apreciando o fruto de seu talento culinário, ela pôde finalmente nos contar sobre algumas viagens que havia feito. Ela contava de cada praça, cada casa que lhe havia chamado a atenção com um entusiasmo bom de ouvir. Falava do mar do Sul e do mar do Nordeste com se fossem coisas totalmente diferentes.

No baú das viagens, a vovó contou sobre pessoas que conheceu nos distantes cantos do Brasil que visitou. Gente interessante, diferente de nós, com outra visão de mundo. Depois provocou um passeio nosso pela história, em que visitamos em pensamento pessoas ilustres, cada qual com seu feito, cada qual se tornando famoso por ter sido o único, ou o primeiro, a fazer algo de modo diferente dos demais.

Lugares, pessoas comuns, ilustres, famosas, personalidades... Todos se juntavam na nossa tarde de fofocas e bolinhos-de-chuva, coisa de família, cheia de risadas de primos que tinham muita história para contar e ouvir.

A vovó então nos lembrou delicadamente que o começo da nossa conversa estava cheio de expressões do tipo "o mais, o menos, o melhor, o pior". Sim, ela estava com a razão! Então, nos disse o que sua experiência lhe ensinara sobre as comparações:

— Comparar não é bom nem proveitoso. É um grande desrespeito para com as coisas ou as pessoas colocadas nessa situação. Para comparar, é preciso ter um parâmetro, uma medida. É mais ou menos do quê? É maior ou menor do quê? Mais novo, ou mais velho, em relação a quem? Eu sou mais velha que vocês e mais nova que minha mãe. Mais alto, mais baixo, mais bonito, mais feio... Que tipo de diagnóstico falho é esse da comparação? Para que isso serve? Que valor tem? Em que ajuda a você mesma ou ao outro? Você é o quê? Velha, nova, alta, baixa, bonita, feia?... E o outro, o que é?

— Pior ainda é o fato de que, quando se compara com alguém, você está olhando somente o que está à sua frente, ou se lembrando de outra coisa ou pessoa em sua imaginação. Portanto, você deixa de curtir a totalidade daquele momento que está vivendo, é um desperdício de tempo e de vida.

— Comparar é um equívoco e sempre oferece o perigo de rotular qualquer coisa ou pessoa de modo injusto e desnecessário. Por isso, viva cada momento, cada coisa, cada pessoa, cada lugar de maneira única e especial. Se algo não lhe agradar, se não servir para você, afaste-se, evite viver aquilo novamente. Mas não jogue nada no caldeirão da comparação.

Mudamos de assunto, voltamos para as nossas histórias e nossa diversão. Mas até hoje tenho o hábito de fugir das comparações.

Melhor ou pior? Essa é uma medida que não serve para nada. Comparações para quê? Você já se comparou com alguém hoje? Já gastou seu tempo pensando em quanto um amigo seu é mais amável, ou mais ranzinza, do que o outro? Deixe disso! Não perca o seu tempo com essa medida incerta e inconstante que não leva a coisa alguma. Que vivam as diferenças! Assim o mundo fica mais completo e divertido.

A CAIXA DE SEGREDOS

Cuidar do que você tem de mais valioso

Descobrir o corpo e as sensações físicas da paixão é algo grandioso e, ao mesmo tempo, uma experiência bastante delicada, especialmente no caso das meninas, que têm maior tendência a encontrar amor e sexo ao mesmo tempo e se deparar repentinamente com o arrepio na pele, o desejo do beijo, da carícia, e não saber como lidar com isso tudo. Vovó falou comigo sobre esse assunto de um modo todo especial.

Era uma tarde de domingo, estávamos somente nós duas em casa, minha avó e eu. Contava a ela sobre um garoto que eu havia conhecido, tão lindo! Falava sobre ele com muito entusiasmo. Era um menino incrível e todas as meninas o queriam de forma especial. Eu não disse, em nenhum momento, que estava interessada nele. Nem precisava... Vovó havia percebido.

Ela achou que era um bom momento para falar sobre sexo comigo. Convidou-me para continuar a conversa no quarto dela. Chegando lá, ela perguntou:

— Querida, o que aqui neste quarto chama mais a sua atenção?

Eu olhei, olhei e respondi:

— Aquela caixinha! — era uma antiga caixinha de joias, feita com madeira entalhada. Nada de mais, mas chamava muito a minha atenção.

A vovó me perguntou:

— Por que essa caixinha?

— Sei lá... Acho que quero ver o que tem dentro. Parece que vai sair uma linda joia dali.

Então minha avó me deu a pequena chave da caixinha e mandou que eu a abrisse. Havia apenas alguns badulaques lá dentro, mas eu adorei tê-la aberto. A sensação de desvendar um segredo foi deliciosa e os badulaques se transformaram em joias, tamanha a beleza que minha emoção me fez ver nas peças ali guardadas.

Calmamente, minha avó sentou comigo e comparou a pequena caixa com o corpo da gente e o conteúdo dela com a nossa alma, que guarda nossas histórias, nossos sentimentos e nossos sonhos. Ela disse que tínhamos que cuidar muito bem da caixinha porque nossa alma seria preservada através dela. O corpo pode chamar muita atenção, como a caixa perdida no imenso quarto, cheio de coisas para olhar. Mas, mesmo assim, o que realmente tem importância é o conteúdo da caixa.

Vovó disse, então:

— Se o seu corpo é capaz de guardar tantas emoções vividas, tantas histórias, tantos romances e tantas expectativas, você acha justo que qualquer um vá invadindo esse seu santuário? Não!... Não é justo com a sua caixa de joias, porque dessa forma você poderá estar enchendo-a com coisas desimportantes, sem valor. Coloque para dentro do seu corpo, da sua caixa, somente aquilo que julgar lindo e precioso. Só assim sua caixa terá valor e sua alma ficará satisfeita.

Vovó disse ainda que esse exemplo da caixa se aplicava a tudo: tanto para os beijos sem a menor importância, quanto a comer alimentos não saudáveis e, principalmente, para relacionamentos mais íntimos com outras pessoas. Outras vezes referiu-se também à caixa para falar da necessidade de não guardarmos mágoa ou rancor dentro dela, porque esses são elementos tão corrosivos que acabariam destruindo nossas joias.

A caixa de joias da minha avó mora hoje em meu quarto e sempre que a vejo tenho vontade de tocá-la, de abri-la. Sinto nela a emoção daquele momento que me fez ver de forma diferente a minha alma, o meu coração e a importância de guardar cuidadosamente minhas melhores lembranças como retalhos de vida que me aquecem diariamente.

A caixa de segredos de vovó me inspirou a cuidar de tudo o que tenho de mais valioso em minha vida.

Aprender a respeitar nosso corpo e nossos sentimentos é uma regra indispensável, especialmente hoje em dia, em que a expectativa de vida tem aumentado bastante e os convites que recebemos para agir de modo irresponsável quanto aos nossos valores pessoais também têm aumentado de modo impressionante.

Viver é muito bom, mas com saúde e consciência suficientes para poder experimentar integralmente a mágica da vida! Por isso, cuide bem da sua caixa de joias. Saiba sempre muito bem o que você coloca dentro dela.

Meu Santo Antônio

Uma questão de fé

Desde que se tem notícia, o ser humano é cheio de crenças e busca na fé o conforto. Mas para aqueles que duvidam de tudo, essa é apenas uma forma de explicar o inexplicável e acalmar a curiosidade e os medos das pessoas. E para você, o que é a fé? Qual é a importância que ela tem em sua vida?

Feiticeira, bruxa, benzedeira e devota. Vovó era mesmo uma mulher de muitas facetas. Uma delas era sua devoção a Santo Antônio. Minha avó sabia a história de muitos santos, gostava de ler e contar as fascinantes vidas de homens que, com sua fé, enfrentaram o mundo. Mas Santo Antônio era realmente o seu predileto.

Você conhece a história de Santo Antônio? Um rapaz de fé incondicional que admirava São Francisco. Fez da bondade, do voto à pobreza e da devoção a Cristo o seu caminho na vida. Pregava aos homens e quando não era ouvido falava com a natureza — peixes ou aves. Num desses dias teve a aparição do menino Jesus. Ele é um santo amado em todo o mundo, com inúmeros fiéis seguidores, e a ele é dedicada uma série de milagres. Encontra coisas perdidas, faz conciliar casais em desarmonia, cura, dá alimento aos pobres e atende os desesperados.

Em seus braços descansa o Menino Jesus. Se lhe foi confiada uma criança de tanto valor, podemos confiar a ele também nossos sonhos, nossos desejos e todas as nossas vontades. Assim era a imagem de Santo Antônio de que a vovó cuidava com todo o carinho: de aparência serena, com roupas comuns, um menino no colo e lírios à sua volta.

A vovó tinha o hábito de colocar pedidos embaixo de sua imagem. Houve vezes em que eram tantos os pedidos que eu temia que a imagem caísse. Mas isso nunca aconteceu. Quer dizer, uma vez o irmão da minha avó, em meio a uma conversa inflamada, bateu a mão na imagem e ela caiu. Passamos a tarde catando migalhas de gesso para recolocar no Santo Antônio. Com uma habilidade que eu nem sabia que tinha, ainda consegui passar uma tinta e disfarçar o acidente.

Minha avó se dizia tão amiga dele que os dois conversavam nas madrugadas em que ela perdia o sono. Numa manhã, vi a vovó bastante abatida e perguntei se ela estava bem. Ela sentou e começou a me contar o que havia acontecido com ela e Santo Antônio naquela noite.

Existe uma crença segundo a qual, quando quiser uma coisa urgente, você deve pegar uma imagem de Santo Antônio, colocá-la de ponta-cabeça num canto do armário e dizer a ele que só vai desvirá-lo quando o seu pedido for atendido. Minha avó, em desespero de causa, colocou a imagem de ponta-cabeça, no canto do armário, e prometeu devolvê-la ao lugar assim que seu pedido fosse alcançado.

Depois desse ato, vovó foi dormir. Durante a madrugada, porém, ela acordou com Santo Antônio sentado aos pés de sua cama. Ele estava muito chateado com ela por tê-lo colocado de castigo. A vovó me contou que ouviu Santo Antônio dizer a ela: "Você acha justo me deixar de ponta-cabeça? E se esse seu pedido não for o melhor para a situação? Quem lhe disse que seus planos de vida são melhores que os planos que Deus traça?". Minha avó, assustada, levantou-se, colocou a imagem do santo em seu lugar e passou a noite toda rezando e se desculpando com ele.

Era divertido ver vovó contar que levou uma baita bronca do santo, mas mais engraçado ainda era a seriedade com que ela contava a história.

Minha avó me confessou que nunca havia parado para pensar que seus planos de felicidade para aqueles que amava poderiam não ser os melhores. Que somente Deus estava preparado para escrever belíssimas histórias felizes.

Conversamos muito sobre isso e ela me fez entender que tínhamos de tomar muito cuidado com aquilo que pedíamos a Deus, porque nem sempre o que queremos é a melhor solução. Ela me dizia:

— Reze, mas peça que o melhor aconteça. Não ouse dizer o que é melhor. Definitivamente, você não tem como saber!

Até hoje não sei se realmente aconteceu essa história de Santo Antônio com vovó, mas passei a acreditar que os planos de Deus são melhores que os planos que eu faço para mim. Passei a acreditar mais na força da fé da minha avó. Assim, também confio a Santo Antônio as minhas angústias. A imagem que era da minha avó habita agora na minha casa e eu a olho sempre, muito mais com o carinho que se olha um amigo do que com a veneração que se coloca em uma imagem. Ela está comigo e eu compreendi que nunca vou precisar virá-la de ponta-cabeça.

Tudo é apenas uma questão de fé — de tê-la ou não. Independente de qual seja a sua posição quanto a isso, o importante mesmo é respeitarmos uns aos outros. Cada um tem seu jeito de se fortalecer. Nessa seara não há certo nem errado. O que deve haver sempre é amor e compreensão, e só isso. Santo Antônio que o diga!

Filha Adotiva

A expressão máxima do amor

Você já teve a curiosidade de buscar no dicionário o significado da palavra "adotar"? Significa: optar, decidir-se por, assumir, acolher, escolher, preferir. O que você adotou para si em sua vida? O que é seu por escolha, por sua decisão? Se olhar com cuidado, é bem possível que perceba que aquilo que você adotou livremente talvez sejam as coisas mais importantes da sua vida.

Minha avó teve apenas dois filhos: a minha mãe e o meu tio. Ela nunca demonstrou querer mais mesmo, nem era aquele tipo de senhora que "babava" em criancinhas. Não. A vovó não tinha esse jeito com crianças.

Quando meu avô faleceu, em 1975, achei que a vovó fosse finalmente ter tempo para ela. Mas na missa de sétimo dia do meu avô, Eolo (o irmão de vovó) chegou à casa dela trazendo na bagagem uma mulher jovem que segurava um bebê. Era uma menininha de apenas 7 meses. Essa criança, filha do meu tio-avô, foi entregue à minha avó para que ela cuidasse do bebê com todo o carinho. Não havia problema financeiro envolvido na história. Meu tio tinha uma ótima condição de vida, mas faltava a ele tempo e jeito para cuidar da menininha.

A chegada daquela criança mudou, definitivamente, as nossas vidas.

Eu detestei a notícia, claro. Havia perdido o meu avô e o cargo de caçula, tudo de uma vez só. A menininha parecia saber que disputava comigo o tempo da vovó e queria mamar, comer papinha, trocar a fralda... Eu olhava para aquele bebê e tinha a exata sensação de que as bonecas eram bem melhores do que os bebês de verdade. Mas não podia externar o que sentia. Demonstrar ciúme seria assinar embaixo de uma declaração de insegurança e infantilidade que a vovó não aprovaria. Fingia que nem sequer via a menininha, mas quando todos saíam de perto eu ia brincar com ela. Fazia a maior farra, era tudo muito divertido, até a chegada de qualquer adulto. Daí eu me distanciava e olhava com desdém para aquela "pestinha". Tudo bobagem. Ela já havia conquistado o meu coração.

A menina sabia como cativar. Tinha qualquer coisa no olhar dela que a fazia especial, marota, carinhosa, um bebê cheio de artimanhas para conquistar o mundo, o meu mundo! A Paula passou a ser parte integrante de todos os nossos momentos. Ela aprendeu a chamar a vovó de vó, mas não demorou muito para escolher chamá-la de mãe. E em pouco tempo ela conseguiu nos fazer entender que a vovó era, de fato, sua mãe. E as duas se viam assim — mãe e filha, numa harmonia muito especial.

Encantada com a pequenininha, eu era como uma irmã mais velha. Ela colocava as minhas roupas para brincar de adulta, usava a minha maquiagem e até os meus saltos. Nós inventávamos muitas brincadeiras e nos chamávamos de "planadoras", porque fazíamos planos perfeitos.

Minha irmã era madrinha da pequena criança, minha mãe passou a ser considerada como tia e a árvore genealógica da menina ficou bastante confusa, mas ninguém dava atenção à lógica familiar. Nós nos amávamos e aceitamos nossas posições na vida daquela menininha toda charmosa para dançar. Ela fazia mil caretas, poses, falava pelos cotovelos e adorava conversar como gente grande.

A vovó me explicava que a maioria das crianças sai de dentro das mães e se torna filha. Umas poucas fazem o caminho contrário. Elas chegam de fora e vão se tornando tão nossas que parecem ir pra dentro da gente, formando um laço forte, impossível de se quebrar. Foi com essa definição que eu aprendi o que era adoção. Adotei de forma integral aquela menina como se fosse minha e eu a sinto como parte de mim até hoje.

Foi mais um presente que a minha avó me deixou. O mais especial de todos. De alguma forma, a vovó entregou a mim a sua preciosidade, com a responsabilidade de dar continuidade à sua educação.

Com a Paula e a responsabilidade que a vovó me passou, eu pude experimentar a beleza de amar integralmente, de me emocionar com o outro, de deixar de ser uma só. Eu me tornei mais forte, mais madura. Com isso, vovó me proporcionou uma das mais emocionantes experiências da minha vida.

Hoje Paula e eu somos adultas, mas continuo vendo nela a menina sardenta, com olhar maroto, cheia de charme e altamente "planadora".

A expressão máxima do amor acontece quando escolhemos livremente amar alguém, quando adotamos alguém para amar. Amar uma pessoa integralmente é acreditar que o seu coração pode andar sozinho no corpo do outro e que você, além da sua vida, vive outras, vive várias vezes, chora e ri com a mesma intensidade, com a mesma força que o outro.

HISTÓRIAS DE NATAL

O verdadeiro espírito natalino

Quantas histórias bonitas são escritas no Natal! Não é para menos, pois essa é uma data que privilegia o encontro da família, criando um momento em que adultos e crianças brincam da mesma coisa: todos esperam o Papai Noel. Os adultos esperam o momento da chegada do bom velhinho só para ver o sorriso das crianças, e as crianças o esperam para vê-lo trazendo seus presentes, uma forma de verem também materializado o milagre dos seus sonhos realizados. Mas há muito mais do que os presentes no Natal.

Nossa família sempre curtiu muito essa data, mas isso não significa que os nossos Natais sempre saíram conforme o planejado. Quando éramos crianças, havia uma divisão de tarefas bem definida. Minha mãe e minha tia compravam os presentes e os escondiam na casa da vovó. A vovó fazia todas as comidas. Eram dias na cozinha! Meu avô comprava as bebidas, meu pai e meu tio dividiam funções estranhas, nunca sabíamos exatamente o que eles faziam. A verdade é que, à meia-noite, com um montão de presentes, aparecia um velhinho de barbas brancas, desengonçado, dizendo que era o Papai Noel. Mas ele era sempre, confesso, muito mal produzido.

Num Natal, meu tio decorou toda a caminhonete, colocou os brinquedos dentro e, a fim de esperar dar a meia-noite, parou num bar com um amigo para beber uma cerveja. Tempo suficiente para roubarem o carro e todos os presentes. Meu tio chegou em casa, bem depois da meia-noite, sem presentes e com muita cerveja. Minha mãe e minha tia tiraram as crianças da sala para que não vissem a cena, mas eu vi e descobri que Papai Noel às vezes bebe um pouco além da conta.

Dois anos depois, quando alguém, que não me lembro muito bem quem, me mostrou pela janela que meu tio estava se vestindo de Papai Noel, aí sim eu descobri que Papai Noel realmente não existia. Mas isso não me traumatizou. Ao contrário, achei engraçado um adulto que não costumava brincar se fantasiar só para nos divertir. Continuei amando a lenda e, mais que isso, a festa em família.

Anos mais tarde achei melhor assumir a produção do evento "Natal". Por trabalhar na área, eu era realmente melhor na montagem da festa e das brincadeiras. A farra que eu aprontava começava muito antes da noite de Natal. Juntava as crianças para me ajudarem a decorar a casa toda. A cada ano fazíamos a árvore de um jeito. A vovó também se animava e queria seus pratos cada vez mais bem decorados, e a mesa do jantar ganhou mais destaque. E todos ajudavam, especialmente as crianças novas que apareciam na família.

Tivemos Natais memoráveis: o do meu tio, já doente, que resolveu que a festa seria em sua casa — uma festa inesquecível; outro, na minha casa, foi incrível — gritei tanto que estava vendo o Papai Noel que todas as crianças acabaram vendo também. Elas descreviam a mesma cena. Todos os adultos choraram ao ver a materialização da imaginação daquela noite mágica. Mas o Natal que realmente nos marcou foi o último que a vovó passou conosco. Reunimos boa parte da família e alguns amigos muito queridos. Nenhuma criança foi mais importante naquele Natal do que a vovó.

Depois da entrega dos presentes, vovó, que sempre gostou muito de música, ganhou uma serenata. Um amigo querido sacou o violão e cantou só para ela, todas as músicas de que ela gostava. Ficamos todos sentados ao seu lado, emocionados com aquela homenagem. Os olhos da minha avó brilharam tanto naquela noite mágica! Ela olhava para o Enan, a quem ela chamava de seresteiro, com um sorriso maroto e um olhar de agradecimento inesquecíveis. Outro amigo querido, o Marcelo, fotografava tudo, imprimia para sempre aqueles momentos tão emocionantes.

Estávamos com ela, a música e o luar. Estávamos nos despedindo aos poucos da matriarca da família. Todos nós sabíamos disso, mas nem ousávamos pensar.

Depois desse Natal, ficou ainda mais claro para mim que as datas familiares têm de ser vividas intensamente e se transformar em encontros importantes e espontâneos de felicidade.

O mais importante, porém, foi termos entendido que o Natal não é apenas uma festa para crianças. É uma renovação de esperança e amor. Foi isso que fizemos no último Natal da vovó: reiteramos nossa crença no amor dos amigos e da família, na fé dos sorrisos carinhosos e momentos emocionantes, na delicadeza do afeto como o verdadeiro presente vindo do céu.

Nos anos seguintes continuamos nos reunindo nos Natais e vivendo esse encontro com a alegria e o amor, presentes eternos da vovó para nós. Aprendemos com ela qual era o verdadeiro espírito de Natal. Entendemos que para nada servia ver essa data apenas como um estímulo comercial. Sobretudo, o que importava era encontrar bons motivos para celebrar a alegria de ter pessoas especiais ao nosso lado, pelo menos naquele dia do ano. Celebrar mais, festejar mais. Fazer dos Natais quadros cheios de cores, luzes e boas lembranças, para se levar por toda a vida.

Irmãos

Uma convivência essencial

Você se lembra de como se relacionava com os seus irmãos na época em que eram crianças? A certeza de que não estamos sós no mundo fica evidenciada no convívio com nossos irmãos quando estamos na infância. São eles os responsáveis por nos fazer entender que somos parte de um todo maior, que somos um grupo e que precisamos aprender a nos relacionar uns com os outros.

Certa vez, em uma tarde qualquer, vi minha avó conversando com uma amiga, incentivando-a a ter outro filho. Minha avó dizia que todos nós precisamos de um irmão na vida. Esperei sua amiga ir embora para conversarmos. Disse que ela estava errada, que vivemos em outros tempos e que ter filhos hoje custa muito caro! É escola, cursos complementares, passeios, roupas, brinquedos, tudo com um custo muito alto. Um filho só já está bom demais!

Minha avó concordou com a minha análise e até me lembrou que, além da questão financeira, há uma demanda de tempo necessária na criação de filhos:

— Filho custa caro e nos rouba um tempo tremendo. Estudar juntos, conversar, ler, brincar com as crianças... Tudo leva um tempo danado que normalmente os pais não têm disponível.

— Então, por que ter mais de um filho?

— Porque não estou discutindo simplesmente a questão de ter filhos, mas a de dar ao seu filho um irmão. Ter irmãos é extremamente importante.

Tudo bem, eu adoro minha irmã. Acho que, sem ela, minha vida não seria tão divertida. Mas não conseguia entender o que minha avó queria dizer. Percebendo a minha dúvida, ela sentou-se para conversar comigo e explicou:

— Um irmão é o primeiro "inimigo" que a gente conhece na vida. Ele faz com que você aprenda a disputar seu espaço no colo da mãe e a dividir o brinquedo que acabou de ganhar. Com o irmão você descobre que o outro também tem ideias, vontades e opiniões. A relação com um irmão ensina quase tudo o que você precisa saber do mundo, especialmente que o amor é um sentimento nada coerente. Aquele ser com quem você divide tudo da sua vida, que enche a sua paciência, que cansa a sua beleza, é uma pessoa que você ama incondicionalmente e que provavelmente vai colocá-la em encrencas durante o resto da vida. Mas quando a encrenca for sua, você pode ter a certeza de que ele estará do seu lado.

Comecei a pensar na minha irmã e no montão de situações que vivemos juntas. Brigamos por brinquedos e também por roupas. Juntas, temos várias histórias e construímos muitos momentos divertidos. Somos tão diferentes e ao mesmo tempo tão iguais!

Minha irmã sempre foi importante na minha vida, mas a partir daquela tarde comecei a vê-la como essencial! Nós nos amamos muito e tenho certeza de que eu não seria o que sou sem ela. Somos parte de um mesmo todo, uma dupla perfeita. Precisamos uma da outra, ela é a dona da chave da minha vida e confio a ela o meu coração.

Comecei então a observar as pessoas pela forma como elas lidam com seus irmãos e, mais uma vez, vi que minha avó tinha razão. Somente convivendo com irmãos podemos aprender, já na infância, o jeito de lidar com o nosso semelhante. Somente assim passamos a entender o que é amar incondicionalmente, lembrando que até mesmo um "inimigo" pode ser responsável por grandes ensinamentos na nossa vida.

Depois de refletir muito sobre tudo o que a vovó me disse naquela tarde, tive de concordar com ela: minha irmã, com certeza, é a melhor "inimiga" que a vida poderia ter me dado.

Aprenda a lidar com a vida relacionando-se com seus irmãos. Se você enfrenta hoje problemas de relacionamento no trabalho, ou na vida pessoal, olhe novamente para sua infância ao lado de seus irmãos e, através da convivência que teve com eles, reveja a forma como você lida hoje com a vida. No aprendizado de convivência que teve com seus irmãos durante infância está a resposta para quase tudo o que você é hoje.

O PRÍNCIPE ENCANTADO

Para encontrar sua cara-metade

Vivemos em um novo milênio, com novos hábitos e conceitos de vida. Mas a busca por um par perfeito, o encontro com o príncipe ou a princesa encantada ainda povoa o nosso imaginário. Diferente do que ocorre nos contos de fadas, não moramos num reino distante, mas numa cidade enlouquecedora! Sem cavalo branco, sem chapéu com pena caída para o lado e sem aquele short bufante esquisito, como reconhecer o príncipe encantado?

Certo dia, estávamos nós três — vovó, eu e a minha irmã — na sala, assistindo na TV ao final de uma novela, que tratava de um romance complicado, e minha irmã Rosana tinha uma boa lista de reclamações do camarada que fazia o par romântico da trama. Concordei com todos os pontos que ela listou como problemas insolúveis. A vovó não falava nada. Só ouvia pacientemente a história cheia de detalhes e os nossos comentários. Até que finalmente ela perguntou:

— O que vocês esperam de um homem? Como é o príncipe encantado que habita a imaginação de vocês?

As perguntas eram até bastante simples, mas as respostas... Essas eram uma encrenca! Como sintetizar uma questão tão complexa? Eu respondi que meu príncipe encantado deveria ser inteligente, divertido, disposto a novos desafios. Minha irmã descreveu um homem com uma carreira da qual ele se orgulhasse, uma pessoa elegante e forte. Aproveitei para aumentar as qualidades do meu príncipe: disse que ele deveria ser uma pessoa que demonstrasse paixão pela vida, curioso e valente. Minha irmã completou: um homem romântico, que soubesse fazer boas surpresas.

Minha avó nos interrompeu e perguntou:

— O que o seu príncipe encantado "não" pode ser ou fazer? Quais são as coisas que vocês não aceitariam jamais num companheiro?

Mais uma vez tivemos de parar um pouco para pensar. E começamos, então, a desfilar uma lista infindável de atributos de que não gostamos: um homem não pode ser bruto, maleducado, inculto, sem vontade de trabalhar, sem projetos... A lista continuava, sem parar. Até que vovó nos interrompeu mais uma vez:

— Tenho uma boa notícia para vocês duas: o príncipe encantado de vocês existe e devem procurar por ele. Mas vocês sabem como é o verdadeiro príncipe? É aquele homem que tem todas as qualidades essenciais que vocês listaram e apenas os defeitos suportáveis. Ele não pode ter nenhum dos defeitos que vocês não tolerariam em nenhuma circunstância.

— Façam, então, duas listas: a primeira com as qualidades essenciais em um homem que queiram para ser seu companheiro para toda a vida. Depois listem os defeitos, aqueles que vocês realmente não aguentariam em alguém. Coloquem cerca de oito itens em cada uma das listas. Pensem bem em cada um deles. Voltem às listas depois de uma semana, vejam se é isso mesmo que querem. Depois coloquem essas duas listas no fundo do coração e, quando encontrarem alguém, esperem passar a sensação das borboletas se debatendo no estômago. Só então cheguem as suas listas — qualidades essenciais e defeitos insuportáveis. Se faltar uma qualidade ou se ele tiver um dos defeitos listados, afastem-se. Nesses casos, a relação não vai para a frente. Mas se ele tiver todas as qualidades e nenhum dos defeitos da lista, arrisquem-se, porque a relação tem boa chance de dar certo.

Parecia tão simples... Mas minha irmã ainda tinha uma dúvida:

— Vó! Por que eu não posso, mesmo encontrando um defeito insuportável, me esforçar para mudar isso no meu companheiro?

— Porque ninguém muda ninguém — disse ela. — E ninguém nos muda. Somos o que somos. Você não pode se apaixonar por alguém que você queira mudar. Isso não é paixão ou amor. É trabalho. Moldar-se ao outro é possível. Aprender com o outro e com a vida, além de possível, é extremamente bom. Abrir mão de uma coisa por outra mais importante é amadurecimento. Mas quando não se encontram as qualidades essenciais, ou se enxergam defeitos insuportáveis numa pessoa, tenha certeza de que, em algum momento, você vai odiá-lo.

— Quando se tem todas as qualidades essenciais e nenhum dos defeitos insuportáveis, sempre vai dar certo? — perguntei, contente porque parecia ser simples encontrar o meu príncipe.

— Não! Nada garante isso. Primeiro porque ele pode não ter observado se você tem as qualidades essenciais que procura e se não tem os defeitos que ele julga insuportáveis. Segundo, e mais sério, é que mesmo tendo um parceiro ideal a gente sempre arruma brigas, acha problemas em coisas que não são tão importantes. Já vi casamento terminar porque o marido não se lembrou do aniversário de casamento. Vi também uma separação em que a gota d'água foi a mulher ter engordado. Lembrar-se do aniversário do casamento está na lista de qualidades essenciais? Beleza eterna está na lista? Mas no dia-a-dia a gente começa a confundir o que é essencial com aquilo que é corriqueiro, de tal forma que mesmo os pequenos defeitos acabam se tornando insuportáveis.

— Ter um companheiro para o resto da vida... O resto da vida é muito tempo! Para dar certo, para ser possível essa tarefa tão longa, é preciso relevar, deixar de lado muitas pequenas coisas. É preciso boa vontade e tolerância de ambos os lados. Além de um amor bastante forte e verdadeiro, é claro. É preciso saber concentrar-se apenas nas coisas grandes, só no que é essencial, se o assunto é "problemas". Quando o assunto é o dia-a-dia do relacionamento, é preciso compreensão, ternura e demonstração constante do amor que se sente pelo outro. Só assim é possível ter um bom relacionamento a dois.

Rosana e eu ficamos ainda conversando madrugada adentro. Fizemos as nossas listas, riscamos, mudamos e, sobretudo, pensamos muito nas expectativas que levávamos em nossos corações. Esse era o ponto de partida para sonharmos com um relacionamento feliz com nossos príncipes encantados.

Para um casamento dar certo, as qualidades essenciais que você busca num companheiro e os defeitos que lhe são insuportáveis nele devem ser levados em conta com prioridade, como uma fórmula simples para você descobrir o seu candidato a parceiro ideal. Mas depois, escolhido o seu companheiro, no dia-a-dia não perca tempo com detalhes, com o desgaste normal da vida em conjunto. Cobre menos e sorria mais. Reclame menos e ame mais. Viva intensamente a alegria de andar de mãos dadas com aquele que você escolheu para estar ao seu lado. E seja feliz!

Amor

A verdade de uma relação

Amor não correspondido dói? Pior ainda talvez seja sentir-se enganado no amor. Talvez você já tenha embarcado numa furada dessas. Mas por que isso acontece?

Já era bem tarde quando ouvi minha avó atender ao telefone, e em menos de dez minutos tocou a campainha de casa. Era uma sobrinha da vovó, triste com um caso de amor mal resolvido. Não resisti e sentei-me junto a elas para entender o que havia acontecido de errado.

O relacionamento tinha começado havia mais de um ano e o homem em questão estava saindo de um casamento que não havia dado certo. O termo correto era mesmo "saindo". Ele não estava separado em definitivo.

A sobrinha da vovó conhecia somente a versão da história contada pelo homem por quem se apaixonara e acreditou em tudo o que ele havia dito. Realmente, ele parecia um homem livre. Tinha tempo para sair com ela e não se preocupava com o horário de voltar para casa. Também tinha finais de semana livres. Parecia que seu casamento não mais existia e que ele só morava junto com a esposa ainda porque havia problemas práticos a serem resolvidos.

Nesse dia chegou aos ouvidos da sobrinha de vovó que a quase ex-mulher da história estava grávida do marido e ambos viviam felizes a nova situação. Ela resolveu então entender a história inteira. Disfarçou-se de assistente social da empresa onde o homem trabalhava e visitou sua casa, conversou com sua esposa, viu-a radiante com a gravidez. A esposa explicou que seu marido trabalhava muito, viajava, inclusive nos finais de semana, mas que ela entendia essa necessidade da empresa. Sentia que aquela gravidez, do terceiro filho do casal, seria um incentivo a mais para realizarem os planos que faziam de uma vida inteira e feliz que tinham pela frente.

Ela contava a história e olhava para a minha avó com a expectativa de que ela fosse dizer algo que acalmasse seu coração. Mas não havia o que dizer... Então, começou a levantar uma série de questões:

— Por que uma pessoa faz isso? Como pode enganar duas pessoas ao mesmo tempo? Cabem nessa situação abraços, beijos e palavras de amor, com tantos erros e com tantas mentiras? Onde está a verdade? O que o coração desse homem sente e quer?

Minha avó não analisou nenhuma dessas questões, que me pareciam tão fortes e merecedoras de um bom papo. Seu pensamento estava em outras questões:

— Minha querida! Um relacionamento amoroso é também chamado de relacionamento a dois. Mais do que isso, ou seja, um relacionamento a três, é algo muito diferente da nossa cultura e, portanto, não o aceitamos nem o entendemos. Não estou dizendo o que é certo ou errado, porque moral e costumes dependem apenas da cultura, do espaço e do tempo em que se vive. O que me preocupa é ver você sofrendo com essa história toda. O que você pode tirar como lição desse sofrimento?

— É importante saber que quando se vive um relacionamento forte, há que se prestar muita atenção no outro e nos sinais constantes que ele lhe dá. Durante o tempo em que vocês estiveram juntos, ele fez planos para vocês ou concordou com os seus? Quais amigos dele, quem da família você conheceu? Até que ponto você passeou pelo mundo dele?

— Tia! — disse a garota indignada. — Você está querendo dizer que a culpa por essa situação é minha?

— De forma nenhuma. Na verdade nem estou à procura de culpados. Mas olhar para os possíveis aspectos em que você possa ter errado vai evitar novos sofrimentos para você, ao passo que se eu ficar aqui amaldiçoando esse homem que eu nem conheço, nenhum proveito vai ser tirado dessa história.

Com calma, a vovó continuou, durante toda a madrugada, analisando possíveis falhas de convivência que sua sobrinha, com o coração partido, poderia ter cometido nessa história. E assim tanto ela como eu aprendemos a prestar mais atenção aos nossos relacionamentos e aos sinais que eles nos dão.

O amor nem sempre é toda a verdade de uma relação a dois. Relacionar-se com alguém vai muito além dos momentos românticos e cheios de sonhos. É preciso compartilhar, estar ao lado, dividir sonhos e planos em conjunto, enfrentar as dificuldades juntos, integrar sua vida à vida de seu companheiro. Qualquer coisa diferente disso é, no mínimo, estranha. Precisa ser repensada e reavaliada.

Como você se relaciona com o seu companheiro? Você faz parte do mundo dele? Dá para dizer que vocês têm realmente uma vida a dois? Ou será que são duas vidas diferentes, que se tocam vez por outra? Pense sobre isso e veja o que pode fazer pela sua felicidade nesse relacionamento.

Presente de Casamento

Cuidar diariamente do relacionamento

*I*niciar efetivamente uma vida a dois, dividir o mesmo espaço, acordar, dormir, comer juntos e projetar o futuro, os desejos e as construções é, sem dúvida, algo muito especial na nossa vida. Mas começar certo, e manter da maneira certa, essa nova etapa da vida é o principal alicerce para o futuro e a felicidade da relação.

Minha avó valorizava muito todos os aprendizados que tínhamos além do nosso quintal, quero dizer, aqueles que a gente tem ao conviver com pessoas fora da família. Ela sempre nos lembrava de que precisávamos aprender a partir de todos esses relacionamentos. Especialmente, procurava sempre nos preparar para o encontro da nossa alma gêmea.

Sobre as relações amorosas, vovó e eu tivemos ótimas conversas. Cada vez que eu terminava um relacionamento, ela dizia:

— Trocar de namorado é apenas trocar de defeito — lembre-se da história de como se faz para encontrar o príncipe encantado!

Um dia lhe perguntei o porquê dessa preocupação dela com o casamento:

— Vovó, você acha que todas as pessoas devem se casar?

Ela respondeu:

— Acho, sim. As pessoas não precisam ficar casadas, mas a experiência do casamento é essencial.

Vovó dizia que só com o casamento nós colocamos em prática os ensinamentos da vida: compartilhar, abrir mão, ganhar numa queda-de-braço e perder também. E repetia aquela velha história de "comer sal juntos: isso é o que faz você realmente conhecer uma pessoa e conhecer a si mesma!".

Ela sempre me lembrava:

— Você casa todos os dias com o seu companheiro. Casa uma ideia, um sonho, uma vontade, um gosto, um aprendizado, um sabor... Se você perceber que está há dias sem casar com o seu marido, tome muito cuidado, porque algo está errado. As relações saudáveis são costuradas diariamente.

Porém, de todos os conselhos e histórias de vovó sobre relacionamentos, há uma que ficou guardada no meu coração com muita ternura. Eu estava para me casar, faltavam apenas vinte dias. Cheguei em casa e encontrei em cima da minha cama uma caixa grande de presente com um lindo laço. Curiosa, fui logo perguntando quem havia mandado. Minha avó então disse que aquele era um presente dela. Abri correndo a caixa e me espantei com o conteúdo; mas havia um bilhete que me explicou melhor a escolha do presente:

"Minha querida,

"Eu precisava dar-lhe um presente muito especial. Algo que se tornasse 'essência' nessa sua nova vida! Pensei então no que significa viver a dois. É algo deliciosamente complicado, tal como arrumar uma casa.

"Quando um casal passa por um problema grande e muito difícil, todos se unem para ajudá-lo a superar. Uma enchente, por exemplo; vem gente até da vizinhança, pessoas que você nunca viu, e pega no pesado e a ajuda a colocar a casa em ordem.

Presente de casamento

"A grande dificuldade, porém, fica por conta do dia-a-dia. Na limpeza diária da casa. Aquela sujeirinha no canto do armário, a poeira que junta na sala pouco usada e vai ficando... E vai encardindo... De repente, a gente acorda. A casa ficou pequena, as cores meio pálidas, os móveis, antes tão aconchegantes, agora estão encardidos. Limpar tudo é tarefa quase impossível, mesmo porque dá uma certa preguiça de quem não acredita que o esforço valerá a pena.

"Manter o casamento inteiro é tal como manter a casa arrumada e limpa. É preciso não deixar o casamento encardir. Limpe todos os dias a sua alma e ajude seu parceiro fazer o mesmo. Não junte o pó da discórdia, da mágoa, das palavras mal ditas. Quando o casamento encarde, ninguém mais pode ajudar na limpeza e quem tem de resolver isso é apenas você."

Dentro da linda caixa de presente havia uma coleção de panos de limpeza. Para a pia, para o chão, para os móveis...

Com essa comparação, minha avó me fez entender muito do relacionamento a dois. Os grandes problemas o casal enfrenta, olha de frente para o que tem de ser ultrapassado e ultrapassa — ou não. Mas tudo se resolve rapidamente. Já os pequenos problemas do dia-a-dia da relação são como o pó que se amontoa, a sujeira que encarde, a mancha que fica e nunca mais sai. Esses, sim, grudam, incomodam silenciosamente, fazem com que tudo pareça menor, sem cor e velho. E quando se acorda, não se encontra mais o aconchego da relação, o conforto do ombro do companheiro, o carinho do seu colo.

Limpar diariamente o relacionamento a dois. Esse é o grande segredo. Precisamos de panos de limpeza para tirar o pó da relação todos os dias. Talvez essa visão seja o mais importante presente que alguém possa nos dar para a nossa vida.

Para um casamento se manter saudável, é preciso atenção para não deixar juntar os pequenos problemas do dia-a-dia. Não deixar acumular as mágoas e as desavenças. É fundamental limpar a casa do amor, da relação e da confiança todos os dias, por mais que pareça desnecessário ou que "isso pode esperar". Acostume-se a tirar o pó dos desentendimentos, a passar um pano na relação, a fazer brilhar os sonhos de hoje e a decisão de uma vida eterna ao lado do outro. Mas faça isso todo santo dia!

PARA QUEM RECLAMAR DO MARIDO

Reconciliação

Nas desavenças com seu companheiro, com quem você desabafa? E quando o faz, o que espera da pessoa que a está ouvindo? Cuidado: muitas vezes, buscar alguém que concorde com você, que tome o seu partido, é receber o apoio certo para tomar as decisões erradas!

Eu estava casada e cheia de reclamações da vida a dois. Endereço certo para momentos como esses: a casa da vovó. E lá fui eu, com uma lista imensa de reclamações contra o meu marido.

Cheguei na vovó disposta a desabafar. Pedi um café, acomodei-me no sofá, respirei fundo e comecei a minha ladainha de reclamações. Mas não consegui chegar ao fim da terceira reclamação da minha lista. A vovó me interrompeu e perguntou:

— Meu amor, você tem alguma dúvida de que eu a amo acima de qualquer coisa e de qualquer pessoa?

Respondi rapidamente, sem entender tal indagação:

— Claro que não, vovó!...

— Muito bem — disse ela. — Então preste atenção no que você está fazendo. Você veio até mim com essa carinha triste e se colocou a contar todas as suas amarguras. Chegou apenas na terceira reclamação da sua lista e eu já estou odiando o seu marido. De agora em diante, cada vez que olhar para ele eu vou querer esganá-lo. Não tenho argumentos para ponderar com você o que está certo, o que está errado e quais as alternativas para resolver seus problemas. Portanto, tudo o que posso dizer é: separe-se. Volte para cá.

Eu a olhei assustada e disse:

— Não, vovó! Eu quero saber como resolvo os meus problemas, como posso melhorar minha relação.

— Então, a melhor pessoa para você conversar neste momento é a sua sogra.

— Minha sogra? Você enlouqueceu? Vou falar mal do filho para ela?

— Você tem alguma dúvida de que ela o ama mais que a qualquer pessoa e em qualquer situação?

— Não.

— Então, quando você contar a ela o que a aflige, mostrar os problemas que você encontra no tratar com seu marido, ela será, sem dúvida nenhuma, sua melhor conselheira. Com amor ao filho, ela saberá contemporizar, saberá ver os defeitos dele e os seus e equilibrar suas reclamações. E mais! Conhecerá melhor do que ninguém os pontos fortes e fracos do filho e saberá mostrar para você como contornar essa situação. Mas se você vier a mim e falar sobre os defeitos de seu marido eu vou odiá-lo, mesmo quando você já tiver desculpado os erros dele.

Fui até a casa de minha sogra naquela tarde. Fizemos um café e eu recomecei a minha ladainha de reclamações. Minha sogra ouvia tudo e via tudo por outro ângulo, um ângulo por onde seu filho também poderia estar vendo. Não é que deu certo? Comecei a ver a situação por outro aspecto. Houve momentos em que minha sogra quase me convenceu de que o erro era meu. Por ter criado aquele menino, ela entendia seu modo de ver as coisas, suas expectativas... E quando finalmente fiz as pazes com meu marido, ela estava satisfeita por ter compartilhado meus segredos.

Mais tarde, minha sogra foi a primeira pessoa a quem eu contei que iria me separar e a única para quem eu não precisei explicar os motivos.

Como sempre, vovó tinha razão!

Brigou com o marido? Se o que você deseja é buscar a reconciliação, então reclame com a sua sogra! Quando for reclamar de alguém que você ama, escolha os ouvidos de quem o ame também. É a melhor maneira de conduzir a sua raiva para outra direção, onde haja mais compreensão, bom senso e equilíbrio.

Viver uma separação

Uma difícil e dolorosa experiência

Um casamento desfeito é sempre uma grande perda. Perde-se muito dos dois lados e no meio dos destroços fica a pergunta no ar: como deixamos que chegasse a esse ponto?

Não foi por falta de ver casamentos duradouros, tampouco foi por não ter recebido orientação para levar uma vida boa ao lado de um parceiro. Mas meu casamento chegou ao fim. Apesar dos conselhos da vovó, não percebi a poeira se formar no canto da minha relação de casal e deixei que o encardido tomasse conta de nossos sonhos — e tudo perdeu a cor.

Pensava ter tentado de tudo, que estava fazendo de tudo para reverter a situação, mas nunca deixei de pensar na vovó me dizendo: "Ninguém tenta tudo nem faz tudo o que é necessário. Fazemos aquilo que enxergamos que podemos fazer, tentamos aquilo que sentimos que podemos tentar. E isso já é um grande esforço".

A vovó costumava dizer que quando um casal se separa há perda para os dois lados. Mais do que quebrar a relação, o que já é difícil, quebram-se também os sonhos, os projetos desenhados a dois, e o futuro fica incerto. Além do mais, o processo de separação é sempre devastador. Mas quando se começa essa jornada é muito difícil parar. Não cumprir todas as etapas da separação costuma ser muito pior. O melhor nesse momento é mesmo enfrentar a situação e consumar a separação.

Sem filhos, ambos ainda jovens e sem vínculos financeiros, porque nós dois trabalhávamos, parecia que minha separação seria bastante simples, imune ao sofrimento que ouvi muitos descreverem com tantos detalhes. Até que a vovó me disse: "As pessoas dizem que os filhos são os laços eternos que seguram uma relação e que a dependência financeira faz com que as separações aconteçam menos. Isso é bobagem! Quando a separação é inevitável, enfrenta-se tudo o que vier pela frente. A diferença entre a sua situação e a das outras pessoas é que você não tem boas desculpas para não enfrentar a separação. Mas não se anime por isso. O processo será doloroso para você também".

E foi... Foi muito doloroso. Claro que a minha situação — sem filhos, jovem e bem colocada no mercado de trabalho — facilitou um bocado. Mas a dor da experiência do desmoronamento do casamento é indescritível. Por isso eu optei por enfrentá-la com a vovó por perto, garantindo o apoio de que eu precisava para absorver todas as dores daquele momento.

Quanto aos amigos, eles fazem parte da separação. Corta-se o elo com alguns, outros ficam. Sempre há a necessidade de muitos deles escolherem um dos lados. Afinal, como lembrava minha avó, a relação a dois ultrapassa esse espaço de um e do outro e se estende para formar um círculo amplo de novos relacionamentos. Amigos e parentes que se juntam, se misturam e passam a fazer parte da nossa história. Com a separação, esse círculo se rompe.

O cotidiano da vida a dois entrou tanto no sangue da gente que passei a não saber mais o que era eu, o que era ele e o que era nosso. Não sabia mais o que eu gostava de fazer, ouvir ou ler. Tudo era um bolo só, chamado "nossa vida". E quando isso mudou, com a separação, faltou-me o chão.

Mas a vovó me lembrou, como consolo, que uma das boas coisas do momento da separação é poder reaver o cotidiano que realmente combina com você. Disse que quando vovô morreu ela não sabia o que fazer com o tempo. Foram anos cuidando dele, fazendo café da manhã, almoço e jantar, nos horários mais convenientes a ele. Com o seu falecimento ela teve de rever o seu dia-a-dia e, com isso, olhou mais de perto para si mesma. Começou a se perguntar "O que eu gosto de fazer?", "Quais as coisas de que sinto falta?".

Vovó me alertou também sobre a saudade. A saudade, dizia ela, faz com que você só se lembre das qualidades das pessoas e dos bons momentos que passaram juntos. Ela esconde os defeitos, afasta os maus momentos, limpa e lustra todas as histórias.

Porém, se por um lado é muito bom relembrar os belos momentos da sua relação com as pessoas, por outro, na hora de uma separação a saudade pode ser uma armadilha. Num determinado dia você vai esquecer o motivo pelo qual se separou de seu marido. A saudade se junta com o seu cansaço desse processo de desmoronamento, que se junta com a sua insegurança por ter abandonado os planos conjuntos para o futuro, que se junta com o medo de enfrentar o novo. De repente, você e seu companheiro se olham novamente e se re-encontram. Mas tentar reatar uma relação quando já houve a separação é extremamente arriscado. É o que chamamos de cair na armadilha da saudade.

Sobretudo, vovó me alertou para os cuidados com uma nova vida. Ela dizia: "Você já errou e sabe onde errou. Você sabe o quanto é difícil e dolorida uma separação. Pense bem em seu novo parceiro. Pense bem com quem você vai formar um novo cotidiano, fazer um novo círculo de amizades, projetar um novo futuro. Cuidado! Errar de novo nos mesmos pontos pode ser muito mais dolorido e difícil e, o pior, sem nenhuma nova lição para aprender".

Por fim, ela dizia: "Se existir alguma chance, se você enxergar qualquer saída, não se separe. Empenhe-se procurando consertar os erros. Mas se o processo de separação já tiver começado, por mais que doa, vá até o fim. Colocar a casa toda abaixo é melhor que tentar segurá-la aos pedaços".

Depois dessa experiência de separação, passei a pensar mais no meu modo de viver, busquei conhecer melhor a mim mesma e ter claro quais eram as minhas vontades. Entendi melhor a saudade e tento não cair em suas armadilhas. Aprendi também a valorizar mais a relação entre as pessoas e a buscar meus relacionamentos com mais cuidado.

Viver uma separação sempre é uma difícil e dolorosa experiência. Não há como sair dela ileso, inteiro, porque quando decidimos nos unir a alguém concordamos em ser parte de um casal. E com o rompimento, parecemos ter ficado pela metade, sem uma parte de nós, que se foi. Mas, mesmo partidos ao meio, é preciso aceitar o que se foi e partir para uma nova fase da vida, levando na bagagem a lição da perda. E recomeçar!

FÍGADO COM QUIABO

Um ato de amor

Você costuma olhar com cuidado e atenção para as pessoas que ama? Procura saber do que elas gostam e o que pode fazer para torná-las mais felizes? É incrível como, muitas vezes, amamos alguém e não percebemos suas necessidades, seus anseios, suas vontades. E às vezes são coisas tão simples de satisfazer!

Além dos netos naturais, a vovó adotava vários outros. Era só chegar e querer uma avó, que lá estava ela, disposta a adotar. A casa da vovó era cheia de gente, de vida e de histórias.

Entre os netos adotados, havia alguns que eram prediletos e vovó não escondia muito seus bem-quereres. O Nino era um desses netos preferidos dela. Sempre muito curioso e inteligente, adorava conversar — e provocar — a vovó. Perguntas indiscretas, conversas picantes, coisas interessantes. Era bem gostoso vê-los conversar e também cutucarem um ao outro feito crianças da mesma idade.

Era mais um dia de semana e mais uma vez o Nino veio nos visitar. Vovó correu para a cozinha para preparar um prato especial para ele: fígado com quiabo. Enquanto preparava a iguaria com todo o carinho, ela comentava comigo o quanto ela mesma gostava daquilo e como era bom ter o Nino para compartilhar com ela tal receita tão especial. Eu dizia o quanto aquilo me parecia horrível: juntar o quiabo, que já é ruim, com o fígado, que é péssimo... Não dá para receita nenhuma melhorar o paladar! A vovó nem me dava atenção. Afinal, o prato era para o Nino e ela se deliciarem.

Meu primo chegou e, mesmo dizendo que já havia almoçado, comeu de novo e elogiou a iguaria. Muitas vezes em que o Nino ia lá em casa, a vovó lhe fazia surpresa e preparava aquele prato.

Anos depois, nós já adultos, com a vovó morando com a minha mãe, eu já separada, o Nino casado, ele comentou que odiava o tal fígado com quiabo. Espantada, eu perguntei o porquê de ele ter elogiado e comido tantas vezes algo de que não gostava. Ele respondeu:

— A vovó adora fígado com quiabo. Mas ela jamais faria esse prato se fosse para só ela comer!

Ele tinha toda a razão. A vovó cuidava tanto dos outros que não se permitiria o deleite de cozinhar um prato que ela tivesse vontade de comer, mas de que ninguém mais gostasse. Sua mola propulsora eram sempre os outros, as pessoas que ela amava. Para esses, sim, ela passaria horas na cozinha preparando uma receita especial.

Num gesto simples, Nino proporcionou à vovó almoços deliciosos, feitos por ela mesma e elogiados por ele. Por outro lado, se ele engolia algo de que não gostava, sabia que tudo havia sido feito com muito amor e carinho por ela, e isso já compensava.

Cá entre nós: a vovó nunca veio a saber que o Nino não gostava de fígado com quiabo.

Quanto custa a satisfação de uma vontade, ou o gosto, daqueles que você ama? Normalmente custa muito pouco. Mas a felicidade que você consegue com isso não tem preço. Então, que tal observar melhor as pessoas que lhe são importantes e descobrir suas vontades, seus sonhos, seus desejos? E de vez em quando procurar satisfazê-los... Você pode até ter de fazer alguns sacrifícios. Mas colherá momentos muito especiais. Simples atitudes no seu dia-a-dia podem se transformar em verdadeiros atos de amor.

A FORÇA DE UMA AMIZADE

A importância de cultivar amigos

Por que será que tanto se fala da importância dos amigos nas nossas vidas? Com certeza, uma das razões é que eles sempre fazem parte da nossa história. Se olharmos ao nosso redor, para frente no tempo, num exercício de imaginação, ou para trás, revendo o passado, lá estarão eles. Rostos conhecidos, mãos fortes que nos apoiam, ombros preparados para segurar nossos choros e alegria autêntica para aplaudir nossas vitórias. Esses são os amigos. Com eles nos sentimos sempre em casa e não nos assustamos com o desconhecido.

Era mais um sábado, mais um final de semana que começava na casa da vovó, mas nada anunciava que ele traria uma importante descoberta para a minha vida. Naquela tarde, uma amiga de minha avó, muito querida por ela, veio visitá-la. Era uma mulher estranha, com nome estranho e jeito estranho, mas a vovó a achava bastante natural. Baixinha, meio fora de forma, cabelos curtos e negros, ela sempre usava batom vermelho e óculos de sol grandes, com armação de tartaruga. Quando ela chegava na casa da vovó, eu sabia que o papo não deveria ser interrompido. O máximo que poderia fazer era servir um café para as duas amigas. A vovó costumava se arrumar toda para recebê-la. Naquele sábado também, lá estava a minha avó, vestido bem passado, batom vermelho, laquê no cabelo e um bom perfume.

O papo das duas se estendeu por toda a tarde. Além do café e do bolo já preparado, a vovó me pediu para trazer um licor. As duas conversavam e riam, ora falavam baixinho como quem conta um segredo, ora falavam alto, esquecendo-se do bom comportamento que se espera de duas senhoras. Eu ficava lá, observando aquela cena, cheia de curiosidade.

Bastou a amiga da minha avó sair de casa para eu tentar esclarecer todas as dúvidas que povoavam a minha cabeça. Perguntei:

— Vovó, onde você conheceu a dona Biggina?

— Foi há muitos anos. Na época em que nos conhecemos nós éramos jovenzinhas. Continuamos amigas no tempo em que eu era mais mulher que mãe, depois mais mãe que avó, e assim por diante. Nós sempre estávamos juntas, um passo antes da nossa vida se transformar.

— Percebo em você um entusiasmo totalmente diferente quando conversa com ela. Você se prepara para esse encontro, se arruma, escolhe a roupa, o sapato, não esquece o batom, procura um brinco novo, prepara um bolo gostoso e até toma um licor!... Por quê?

— Sabe, minha querida, que eu nunca pensei nisso? Aliás, nem sequer havia percebido esses detalhes, mas acho fácil explicar o que acontece. É a força da amizade. Amigos de tantos anos transformam-se na nossa mais pura referência. Ela viveu comigo grandes segredos da minha vida. Viu-me dar uma olhadela para um rapaz e não ser correspondida, viu-me arrumar-me toda e tomar um bolo do namorado, viu aquela minha roupa que não deu certo e viu também aquela que deu tão certo que todos me olharam no baile do clube.

— Ela é aquela amiga sincera que acompanhou e arquitetou comigo os planos e mesmo as pequenas vinganças que fizemos durante a vida, viveu comigo os momentos que deram certo e também aqueles que deram errado. Ela foi aquela que, mesmo sabendo que eu merecia um chacoalhão da vida, sempre me emprestou o ombro para eu chorar.

— À medida que o tempo passa, cada vez que nos encontramos ainda somos capazes de nos vermos jovens, sentadas à sala, contando os mais íntimos segredos. O batom e a roupa arrumada ajudam a rejuvenescer a fachada e a tirar o amarelado da tarde que passamos juntas.

— Enfim, minha querida, saiba que um amigo verdadeiro é o único capaz de guardar a nossa juventude e nos distrair da idade que chega implacável e dos problemas que temos de enfrentar no dia-a-dia.

— Guardar amigos é sempre importante. Sejam eles de que fase da sua vida forem, sempre serão a sua melhor referência dos caminhos que percorreu.

Continuamos conversando sobre amizade durante o resto da tarde, até o início da noite. Vovó me contava passagens de sua vida de uma forma tão leve, tão alegre, que seus olhos guardavam um quê de peraltice. Às vezes aparecia em seu rosto um sorriso maroto e, a cada história, a cada lembrança, minha avó ficava mais jovem e mais cheia de energia.

Passei a enxergar a amizade por outro prisma, percebendo a sua importância não apenas na vida, mas como vida.

Vovó se levantou para preparar o jantar, enquanto eu corri para o telefone e fiquei horas falando com uma antiga amiga. Colocamos a conversa em dia e me senti mais forte naquela tarde de sábado.

A verdadeira amizade sempre vale a pena. Sempre faz bem conservá-la. Você lembra quem são seus amigos da juventude? Você ainda tem contato com eles? Quem são as pessoas que viraram sua referência de vida, aquelas que sempre estiveram por perto? Que tal deixar este livro de lado por uns momentos e ligar para um amigo agora?

Na força de uma amizade residem as grandes oportunidades de satisfação com a vida. A partir daí, podemos reconhecer a importância de cultivar amigos.

ORA, AS BRIGAS

Como superar as desavenças

Se viver sozinho já requer um esforço bastante grande no dia-a-dia, imagine então dividir sua vida com alguém. As diferenças de opinião em várias situações aparecem e, com elas, muitas vezes surgem as brigas. Em especial, as famosas brigas de casal.

Era um sábado. Meu noivo e eu não tivemos o que poderíamos chamar de uma boa noite. Ele me deixou em casa e junto comigo um ambiente nada bom entre nós dois. No domingo de manhã, claro que a briga continuou. Ele me ligou e nós começamos um bate-boca danado. A ligação terminou com uma ameaça minha: "Então venha até aqui agora para continuarmos essa conversa!". Saí do sofá com a mesma veemência com a qual bati o telefone e me dirigi à porta do apartamento.

A vovó, calmamente, foi até mim e perguntou:

— Filha, aonde você vai?

Com toda a raiva que estava, respondi:

— Falar com o Alfredo. Hoje ele vai ouvir poucas e boas!

Ela então me disse:

— Perfeitamente! Fale tudo mesmo. Mas... filha, uma briga é uma coisa tão feia que eu acho que você deveria se arrumar para brigar.

Então, ela começou a me contar sobre as brigas que teve com o meu avô. Contou que se arrumava toda para brigar, colocava uma saia que rodasse e só brigava estando de pé. Conforme falava, mexia os quadris, a saia rodava e ela ficava muito sensual. Meu avô não ouvia uma palavra do que ela dizia, mas concordava com tudo só para pôr fim à briga e poder abraçá-la. Em todas as brigas, ela sempre saía com a razão.

Voltei ao meu quarto e comecei a me arrumar. Fiz como a vovó: perfume, vestido rodado, batom na boca. Desci e, em pé, disse ao Alfredo tudo o que queria dizer. Meu noivo me deu razão em tudo. Saímos para almoçar e tivemos uma tarde romântica e maravilhosa.

Anos depois, estudando sobre a linguagem do corpo e sobre informações subliminares, pude entender melhor o que havia acontecido naquela manhã de domingo: no momento em que voltei ao quarto para me arrumar, disse a mim mesma que não queria brigar tanto quanto achei que queria. E me acalmei. Troquei a raiva pela travessura. Quando me encontrei com meu noivo, ele entendeu a minha posição e passou a me olhar mais do que ouvir o que eu dizia. Via em mim a pessoa que ele amava e não a voz que brigava. Naquele momento ele também se acalmou e pôde rever seus sentimentos. O batom, a roupa rodada e o perfume eram, na verdade, os sinais da reconciliação.

Quando consegui entender tudo isso, voltei à minha avó e perguntei a ela sobre brigas. Questionei seu jeito de resolver as coisas:

— Vovó, se você se arrumava toda para brigar, o vovô não ouvia nada do que você falava. Vocês faziam as pazes, mas nada havia mudado. Resolveu alguma coisa?

Ela sorriu e disse:

— Desde quando brigas resolvem alguma coisa? Elas só servem para você desabafar. Ninguém muda ninguém. Nós apenas aprendemos a lidar uns com os outros. Acredite em mim, na hora em que você fala com raiva a melhor coisa que pode acontecer é ninguém ouvir, porque com certeza você estará dizendo coisas das quais vai se arrepender.

Até hoje eu continuo a me arrumar para brigar. E quer saber? Melhor assim! A briga já é uma coisa feia demais para você também estar feia nesse momento.

Ora, as brigas. São momentos difíceis da nossa vida, em que muito do que se diz nunca deveria ter sido dito. Principalmente quando brigamos com alguém a quem amamos. Por isso mesmo, as palavras não ditas, ou mesmo as ditas mas não ouvidas, resolvem mais e melhor as situações de conflito. Pense nisso na hora da raiva e arrume alternativas melhores para lidar com as desavenças.

Cartas ao meu avô

Como lidar com a saudade

Como reagir às perdas que nos são impostas pela vida afora? Embora tenhamos consciência de que a morte faz parte da vida, não é nada fácil conviver com a ausência de pessoas especiais.

Minha amizade com a minha avó começou quando eu era ainda um bebê. Mas o grande responsável por esse encontro de almas entre nós foi o meu avô. Eu nasci e ele, imediatamente, se apaixonou por mim — e eu por ele. Foi amor à primeira vista. Com ele, meu mundo sempre ganhava uma cor diferente.

Ele me ensinou tudo o que era importante para a minha vida: andar, escrever, falar, gostar de flores, apreciar a natureza, ser curiosa... Meu avô era lindo e eu o amava com uma intensidade que não consigo explicar — só sei o quanto é bom sentir.

Dançávamos boleros e tangos, muitas vezes eu subia em seus pés para poder fazer os passos certos; outras, no entanto, eu arriscava bailar com os meus próprios pés. Ele era tão grande, eu tão pequena. Mas enchíamos a sala com os nossos passos perfeitos.

Além de dançar, eu e meu avô passeávamos muito. Subíamos em seu fusca e ele me levava para todo canto. Desde visitas aos familiares, até coisas do dia-a-dia dele — barbeiro, banco, mercado... Era bastante divertido.

Quando eu estava com 14 anos de idade meu avô nos deixou e deixou um vazio enorme em meu peito. Lembro-me de ter ficado muito revoltada com ele — como ele pôde morrer e me deixar assim?

Por outro lado, mais tarde entendi que aquela foi a hora certa de nos separarmos. Eu estava ficando mocinha e não tinha amigos, porque ele — só ele — me bastava. Mas eu precisava começar a viver mais com outras pessoas. Precisava começar a ter os meus programas pessoais, ir a danceterias, ouvir músicas da minha época, conhecer a vida através de tudo o que dizia respeito a alguém da minha idade. Quando completei 15 anos, então, comecei a viver a minha vida, com a minha avó por perto e meu avô no coração.

Quando a saudade apertava muito, eu escrevia para ele. Contava as minhas novidades, falava sobre as minhas dúvidas. Um dia a vovó me viu escrevendo e pediu para ler a carta, antes de eu a enviar. Depois me perguntou sobre como eu as enviava e quantas já tinha escrito. Expliquei que as colocava no correio, sem endereço de destino, e acreditava que de alguma forma elas chegavam até ele. Afinal, o Papai Noel sempre recebeu minhas cartas e nunca precisou de endereçamento para isso. Escrevia no envelope, simplesmente: "Para o meu avô", exatamente como quando criança escrevia apenas "Para o Papai Noel".

Minha avó se emocionou. Ela entendeu que as cartas que eu escrevia continham mais do que palavras. Nelas cabia a minha saudade. Entendeu também que, de alguma forma, meu avô me respondia. Eu sempre me sentia mais segura e mais perto dele toda vez que as enviava.

Depois de algum tempo, a vovó conversou comigo sobre a saudade, especialmente sobre aquela que ela sabia que eu sentia do meu avô. Conversamos muito sobre ele, demos boas risadas.

Nesse momento de saudade trouxemos somente coisas boas, com o gosto bom da lembrança, como se eu pudesse sentir o abraço carinhoso do meu avô que acalmava meu coração. E vovó me dizia: "Não importa muito o jeito que a gente encontra para estar perto de quem se ama. Sempre dá certo! Assim, conseguimos transformar nossa vida em algo melhor. Então, viva as suas saudades com o gosto das boas lembranças e curta com alegria cada um desses momentos".

Minha avó, depois, me ensinou a me comunicar com o meu avô sem precisar escrever cartas. Até hoje ele faz parte das minhas melhores lembranças e acompanha meus sucessos, minhas alegrias. E cada uma delas eu dedico a ele.

Como lidar com a saudade? Viva suas boas recordações com alegria e muito amor. As pessoas são eternas: no nosso coração e nas nossas lembranças. Eternize aqueles que você ama, na forma de saudades!

Uma pequena grande criança

Enxergar a vida onde a vida existe

Crianças? Têm sorriso maroto, sabem se comunicar sem a necessidade de falar, são autênticas, têm a humildade de pedir ajudar quando precisam, não desistem de seus objetivos e lutam por eles. Mantêm a esperança, mesmo quanto todos bailam à beira do desespero. Na simplicidade da criança podemos encontrar muito aprendizado.

Quando a gente acha que a vida não tem mais nada para ensinar, lá vem mais uma surpresa. Foi assim que aconteceu com a chegada dos bisnetos na vida da minha avó.

Minha irmã trabalhava e deixava as crianças na casa da minha mãe e da minha avó. As crianças — eram três — foram as responsáveis por fazer vovó voltar à infância. Com elas a vovó brincava muito e tinha curiosidade em entender os brinquedos delas, tão diferentes dos brinquedos de sua época. Mas também mostrava coisas dela com as quais as crianças poderiam brincar. Regar plantas, costurar... E tudo era uma grande diversão.

Com o Rafael ela brincava de braço-de-ferro e ele ganhava sempre (a vovó fingia fazer força). Um dia, foi ele quem fingiu estar fazendo muita força, só para deixar a vovó ganhar uma vez. Foi o máximo da bondade de uma criança!

A alegria da vovó era ver a Marília comer. Como toda boa taurina, a menina saboreava a comida como gente grande e a vovó adorava vê-la experimentar tantos novos sabores. Ainda pequena, Marília subia em um banquinho e acompanhava a confecção dos pratos feitos pela vovó. Ao chegar em casa, orientava — e corretamente — a mãe a fazer as comidas que havia aprendido. "Omelete de ovo" era a especialidade da pequena taurina.

Mas foi com Amanda, a mais velha dos três irmãos, que a vovó escreveu uma linda história. Amanda, na pré-adolescência, teve sua maturidade colocada à prova. A vovó, já muito doente, não saía mais da cama, ficava em seu quarto, e, dentre todas as pessoas que poderiam atender às suas necessidades, ela preferia o atendimento de Amanda. Cheguei a perguntar o porquê de Amanda ser a mais chamada e ela me disse:

— É preciso viver bastante para descobrir que os aprendizados da vida não acabam. Estou tão velha, tão cansada e, ao mesmo tempo, sinto que me aproximo muito de Amanda. É como se nos conhecêssemos há muito tempo. Ela é uma pequena grande menina, entende as minhas necessidades e lida com a minha doença de modo mais natural que todos vocês. Não quero viver um drama nesses meus últimos dias de vida, e a Amanda não olha para mim com a tristeza estampada no rosto, conforme vocês me olham.

Mais uma vez a vovó tinha razão. Tentei me preparar melhor e olhar para ela sem ver a morte que dela se aproximava. Busquei ver a vida que ainda batia em seu peito e fazia brilhar os seus olhos, aqueles que tantas vezes olharam por mim. De alguma forma, vovó e Amanda tiveram tempo de fazer alguns momentos de história juntas. Velha criança e criança grande — elas se encontraram e se amaram.

Enxergar a vida onde a vida existe. Seja por um minuto ou por uma eternidade. Sempre há tempo de escrever novas e boas histórias. Sempre é tempo de aprender e conhecer pessoas especiais e construir boas lembranças. Portanto, não devemos desperdiçar nem nos desfazer de nenhum minuto ou oportunidade que a vida nos proporciona.

O GRANDE OBJETIVO DA VIDA

Quem quer ser feliz encontra um meio

Afinal, para que você vive? Qual é o grande objetivo que o leva a enfrentar todos os problemas da sua vida? É bastante comum essas questões virem à nossa mente em momentos em que acreditamos que o peso de uma pedra é maior do que a nossa capacidade de tirá-la do nosso caminho.

A vovó tinha o hábito de citar ditos populares e, sempre que eu estava reclamando da vida, ela repetia um provérbio árabe, que acabei por decorar: "Quem quer fazer encontra um meio. Quem não quer, encontra uma desculpa".

Mas, sinceramente, havia momentos em que eu queria saber o porquê de termos de enfrentar tantos problemas. A vovó, então, em uma dessas ocasiões, achou por bem tentar entender o que estava me deixando desanimada e perguntou:

— Qual é seu objetivo na vida? O que você quer, o que sonha para você?

— Nossa, vó! Posso fazer uma lista imensa de coisas que eu quero: ser bem-sucedida profissional e financeiramente, ter um carro, um apartamento, ter dinheiro para alguns luxos, como cabeleireiro, uma pequena viagem... — mas ela não me deixou terminar a lista e voltou a falar:

— Seus objetivos não podem estar em coisas. Não são o apartamento, o carro ou o emprego. Objetivos também não podem estar entregues totalmente nas mãos de outras pessoas: um grande amor, filhos. Tudo isso são apenas meios para se chegar a um objetivo maior: a felicidade. Este é o verdadeiro objetivo da vida: ser feliz. E felicidade não é sorrir todos os dias, nem dormir diariamente sem ter deixado problemas pendentes. A felicidade é formada de momentos únicos, que nos alimentam para que possamos ser fortes o suficiente e enfrentar as pedras do nosso caminho, com cuidado, com respeito a cada uma delas.

— Preste atenção nos caminhos que nos são dados para seguir. Ninguém tropeça numa grande pedra; só nas pequenas. Elas fazem a gente virar o pé e cair de mau jeito. Outras vezes fazem com que a gente caia de cara no chão. As pequenas pedras é que são capazes de nos tirar do trilho da felicidade. Muita reclamação, por exemplo, é como uma coleção de pedrinhas que acabam por nos derrubar.

— Concentre-se no que é realmente importante, esforce-se para encontrar um meio para alcançar seus objetivos e não perca seu tempo tentando encontrar os culpados pelas suas agruras — eles podem até existir, mas foi você quem consentiu que eles a atrapalhassem. Bola pra frente! Lembre-se sempre de que o grande objetivo da vida é ser feliz!

Não me esqueço mais disso nem por um minuto. Nada vale a minha angústia. Se o trabalho não está me fazendo bem, busco outra forma, outro lugar para ganhar dinheiro. Se a angústia vem porque briguei com alguém, procuro essa pessoa para conversarmos — não me preocupa muito se deveria ser o outro a me procurar. Tento buscar todos os meios possíveis para ser feliz. Cuido da minha saúde, porque doença me deixa triste, parei de fumar, porque vício não combina com felicidade, e quando reclamo da vida, o faço apenas por capricho, porque às vezes é divertido reclamar. Mas sei que posso e sou feliz!

Para ser feliz é importante que tudo à sua volta esteja em harmonia. Olhe ao seu redor, resolva pendências e acredite: a felicidade é construída diariamente, com sacrifício, com dificuldade, mas com a certeza de que podemos tê-la. E assim tudo vale a pena. Lembre-se: quem quer ser feliz encontra um meio!

Ponto a Ponto

Paciência para realizar os seus sonhos

Você com certeza já teve dias em que chegou em casa e se perguntou qual o sentido da sua vida, não é mesmo? Então, ficou imaginando o porquê de batalhar tanto. Sem dúvida, existem momentos em que estamos tão cansados que tudo o que precisamos é de alguém que nos convença de que o esforço vale a pena.

Aconteceu comigo também. Cheguei muito cansada do trabalho naquela noite. As coisas pareciam difíceis demais para valerem a pena. Era como se fosse impossível ver a reta de chegada com tantas curvas atrapalhando o caminho. Não via sentido em nada, não conseguia encontrar o fio da meada.

Com todo o meu desânimo estampado no rosto e curvado nas costas, sentei-me no sofá da sala, chamei a vovó e lhe perguntei:

— Existe alguma forma de encontrar ânimo quando nada parece valer a pena?

Pacientemente e sabendo que aquele desabafo era muito mais cansaço do que descontentamento, minha avó veio com mais uma de suas comparações:

— Olha só este bordado que eu fiz. Ficou lindo, não acha?

Eu não estava com vontade de olhar bordados, menos ainda para encontrar beleza naquilo, mas concordei. Disse que realmente estava lindo. Vovó continuou então a me mostrar os detalhes, como cada cor combinava com a outra, a delicadeza dos pontos que teciam o chão do jardim inventado pela agulha dela.

— Pois é, minha querida. Olhe bem para este bordado, porque a vida também é assim. Este trabalho começou com vários novelos de linhas coloridas, uma em cada rolinho. Havia também um pano branco sem nada declarado e uma agulha, disposta a trabalhar, acreditando naquele cenário e na força das cores. Se eu estivesse preocupada com o final de cada um dos novelos, teria desmontado todos e conseguiria um emaranhado de linhas. Em vez disso, resolvi pegar um pouco de cada um, sempre dentro do que combinava e usando apenas o necessário. Ponto a ponto, fui inventando o meu sonho e criando uma realidade indiscutível. Meu trabalho está aqui, estampado no pano branco com os novelos usados para dar cor e forma aos meus pensamentos. Se erro um ponto, tenho de voltar para trás e refazê-lo. Se mudo de ideia, tenho de pensar em como trabalhar esse novo desafio. Olho as cores que tenho nos novelos, vejo também quanto há em cada rolo, daí refaço os meus planos. Ponto a ponto, um de cada vez, com muitos sonhos, muitos pensamentos que se embrulham nas cores das linhas que uso.

— A vida é igualzinha a este bordado. Desenhe seus sonhos ponto a ponto, sem necessariamente gastar tudo. Não precisa enxergar o final das coisas para acreditar nelas. Faça no seu tempo cada um dos desenhos, cada um dos seus sonhos. Faça e desfaça, se preciso for, mude o projeto original, se assim o quiser, mas com atenção, com harmonia entre o passado e o futuro, e siga em frente, ponto a ponto. Demora, mas a paciência é um dos instrumentos necessários para a agulha fazer o seu papel de reunir as cores. Olhe de novo o meu bordado e veja se não vale a pena todo esse cuidado!

Talvez porque ela tenha me convencido, ou simplesmente porque precisava acreditar naquilo tudo, a verdade é que achei que poderia exercitar mais a paciência. Mais ainda: poderia continuar desenhando o pano branco da minha vida e fazer dele um belíssimo bordado. Fui dormir, com a certeza de que o dia seguinte seria um dia melhor. E realmente foi.

A melhor das certezas que podemos ter é que, embora o exercício diário da vida dê trabalho, canse, curve as costas, viver é muito bom! Por isso, procure animar-se com o colorido do seu cotidiano e, no final do dia, descansar suas mãos do trabalho. Cansar e descansar fazem parte do seu sucesso. Leve a vida em um ritmo tranquilo, tecendo o bordado da sua história, ponto a ponto. Tenha paciência para realizar os seus sonhos.

O INATINGÍVEL

Tudo é relativo

Existem coisas na vida que nos parecem inatingíveis. Mas a maioria delas se mostra possível de alcançar, se esperamos o devido tempo e as condições apropriadas. Evoluímos e, com isso, muito do impossível se torna possível; e muito do inatingível vem para o alcance de nossas mãos.

No quarto onde eu e minha irmã dormíamos, em nossa infância, havia um armário bem grande que guardava nossas coisas. Uma parte para cada uma. A parte de cima dele era local destinado à minha mãe. Como o armário era enorme, ela destinava a parte mais alta para as coisas nas quais não deveríamos mexer, inclusive alguns brinquedos, aqueles que tinham de ser usados com mais cuidado. Eu nunca entendi por que um brinquedo não pode ser usado por uma criança na hora em que ela quiser e como ela quiser. Mas eram as regras da casa e eram para ser seguidas sem questionamento.

Mamãe guardava lá em cima outras coisas: doces, por exemplo. Caixa de bombom, bala ou chiclete que ela nos dava — um a cada dia. Livros, calçados de festa, malas de viagem, entre tantas outras coisas — todas que me chamavam a atenção. Afinal, "em cima do guarda-roupa" estava o proibido e isso me interessava, especialmente porque era inatingível.

Muitas vezes tentei escalar o caminho do proibido, sem sucesso. Tentei também utilizar cadeiras, entre outros objetos que pudessem fazer-me maior. Novamente sem sucesso. Demorava tanto para que eu pudesse carregar uma cadeira até o quarto, dispô-la em local apropriado para alcançar o inatingível que, quando enfim conseguia, alguém me pegava no pulo da arte.

O tempo passou — lentamente em alguns momentos, rápido demais em outros — e eu cresci. Meus olhos alcançaram muito mais longe que em cima do guarda-roupa. Meus objetivos também ficaram mais ao longe. Entrei na faculdade, fui morar com vó Ellen e tinha o hábito de ir à casa de minha mãe todos os domingos. Num deles, a mamãe me pediu para pegar alguma coisa em cima do guarda-roupa. Fui até o quarto e alcancei o objeto solicitado por ela com facilidade. Mas aquele simples gesto representou uma grande oportunidade e uma conquista na minha vida.

Naquele mesmo instante, fui conversar com minha avó sobre o ocorrido. Eu estava feliz por ter alcançado um objeto guardado no alto do guarda-roupa. Como agora era fácil chegar às coisas lá em cima! Mas, por outro lado, nada do que tinha lá em cima agora me causava muito entusiasmo. Carregar uma cadeira até o quarto, subir e analisar tudo o que tinha lá em cima era muito fácil, não demorava e, se alguém me visse mexendo ali, nada acontecia. Perdeu a graça!

Mas minha avó me incentivou a voltar ao quarto e aproveitar mais aquele momento. Encorajou-me a viver mais aquela descoberta. Então, peguei uma cadeira, subi nela e mexi em tudo que havia em cima do armário. Fiquei horas por lá, saciando minha curiosidade de infância. Não havia nada de muito interessante, nada que eu não pudesse pegar, já que eu era adulta, mas a história do "em cima do guarda-roupa" rendeu uma boa conversa com a minha avó. Ela me fez perceber diversos ensinamentos contidos naquela simples experiência que eu vivia. Vovó resumiu assim o que era importante eu perceber:

O INATINGÍVEL

— O que está fora do nosso alcance parece ter um sabor muito melhor do que aquilo que temos nas mãos. Mas nem sempre isso é verdade.

— Não adianta querer crescer mais rápido do que o tempo permite. A ajuda de uma cadeira não torna você maior.

— Tentar escalar o tempo, como tentar escalar o armário, é outra coisa inútil.

— É muito importante entender que tudo o que pensamos que é inatingível poderá estar ao nosso alcance num futuro próximo.

O impossível não existe para aqueles que crescem e buscam melhorar sempre e que têm a paciência de esperar que o tempo promova as transformações necessárias.

Conquistar nossos objetivos não costuma ser tarefa fácil, mas é extremamente gratificante, pois a experiência nos brinda com o crescimento e o aprendizado das principais lições da nossa existência.

Na jornada da vida, quase nada é definitivamente inatingível. Quase tudo é relativo. Por isso mesmo, siga o seu caminho, cresça e faça o que tem de ser feito, dê tempo ao tempo e deixe que a vida corra seu curso natural. Cada coisa tem sua hora.

ESPERAR PELA FESTA

A alegria está na jornada

Emocionar-se, alegrar-se com as pequenas coisas, curtir momentos que aparentemente não têm importância e passam despercebidos na maioria das vezes. Esperamos pelos grandes momentos e nos esquecemos de desfrutar o dia-a-dia de sua preparação. Não lembramos que colocar cada tijolo na construção de um grande dia pode proporcionar mais prazer do que a própria comemoração de ver a construção pronta.

Era madrugada. Passava das quatro da manhã quando minha irmã e eu chegamos à casa da vovó. O cabelo não estava mais tão bem arrumado, o batom já tinha acabado e os sapatos de salto estavam em nossas mãos. Cansadas, não conseguíamos dar mais nenhum passo, e o sofá era, naquele momento, o lugar mais confortável que podíamos imaginar. Essa era a cena e a sensação de exaustão na volta de um casamento de uma amiga.

A vovó nos esperava acordada para saber todos os detalhes daquele grande dia. Mas minha irmã e eu não tínhamos muito para contar. A noiva entrou na igreja, ambos disseram "sim" quando o padre fez a famosa pergunta, depois fomos para a festa. Encontramos os amigos de sempre, de modo que não havia muita novidade nisso também. Tudo o que pudemos comentar foi sobre a cor da roupa de uma, a gravata do outro, o jeito de dançar de alguém, ou do outro comer... Porém, embora nada de novo estivesse acontecendo, vovó podia sentir em nós a alegria daquela noite que, de alguma forma, tinha sido especial.

A vovó começou, então, a se lembrar do dia em que fomos comprar nossos vestidos para a festa, do chá-de-cozinha da nossa amiga, da visita feita quando ela nos entregou o convite. E também antes disso, quando nos reunimos e ela contou que havia marcado a data do casamento. Lembrou-se ainda da compra do presente, enfim, de todos os itens e dias especiais que se sucederam até a data tão esperada.

Revimos cada passo. A cada um deles agregamos uma infinita quantidade de boas lembranças. Então, estava pronto o ambiente para a vovó dizer:

— Estão vendo só como a vida é? O melhor da festa é esperar por ela. Por isso, nunca deixem de curtir todos os preparativos para qualquer ocasião especial. Curtam a preparação de cada festa de aniversário, de cada Natal e de cada passagem de ano. Curtam cada um dos planos para as férias, ou cada viagem, mesmo as curtinhas. São esses momentos, os preparativos de cada data e de cada comemoração, que encherão seus baús das boas lembranças da vida. E é nesses baús que vocês buscarão forças e bons motivos para seguir em frente quando as coisas não andarem muito bem em suas vidas. São as lembranças boas, a fartura de sorrisos largos e abraços apertados que vocês viveram que farão vocês continuarem a jornada, mesmo em momentos de dor. A expectativa de esperar por novos bons momentos faz com que os maus momentos passem mais rápido.

Aproveitei para colocar em prática o conselho de vovó e relembrei com detalhes todos os bons momentos da preparação do casamento da minha amiga. Relembrei também outros momentos maravilhosos que eu havia vivido: a primeira vez em que andei de avião, a primeira vez em que estive diante do Cristo Redentor, na Cidade Maravilhosa... Tudo se tornou maior e ainda mais especial, porque aprendi a olhar com mais amor para aqueles momentos que tinham grande valor em minha vida.

Tornei-me uma festeira de carteirinha. Dediquei-me a preparar inúmeras festas, cafés da manhã com amigas, almoços em família, tardes com café e bolo com minhas sobrinhas... Tudo eu transformei em grandes acontecimentos. Afinal, como dizia minha avó, o melhor da festa é, realmente, esperar por ela. A alegria está também — e principalmente — na jornada.

Como você pretende esperar pela próxima festa que vai promover ou de que vai participar? Que tal usar a sua criatividade para dar mais sabor à sua vida e preparar com alegria tudo o que você está planejando viver nessa ocasião? Faça você mesmo a sua festa, antes mesmo do dia marcado. Prepare-se com bom ânimo e alegria. Tudo vai ficar muito mais divertido: a festa e a sua vida!

COZINHAR OS ALIMENTOS

Superar as dificuldades

A vida nada mais é que uma série de aulas práticas, em que cada obstáculo nos faz avaliar o que aprendemos e nos coloca à prova, para então consolidarmos esse aprendizado. Superar dificuldades é, na verdade, sinônimo de transformação e crescimento.

Ver minha avó na cozinha era uma cena bastante comum e, é claro, muitos de nossos melhores momentos aconteceram justamente nesse cenário. Várias vezes vovó usava os alimentos como elementos para, além de fortalecer nosso corpo, criar comparações que fortaleciam também nossa alma e nosso coração.

Lá estávamos nós, mais uma vez, debruçadas em conversas infindáveis, tendo a cozinha como pano de fundo. Dessa vez eu reclamava sobre como apanhamos da vida. Não me pareciam justas as lambadas que eu levava. Então, eu reclamava, reclamava, reclamava... Sentia-me como uma pobre menina, quase gata borralheira, naqueles momentos em que nem a chegada de um príncipe poderia me salvar.

Vovó estava cozinhando para o almoço. Colocou, numa mesma panela com água, ovos e batatas. Enquanto cozinhava, ela ouvia minhas intermináveis reclamações, sem dizer uma só palavra. Ela somente ouvia... Até que os alimentos ficaram cozidos. Então, vovó pegou um ovo cru e colocou ao lado de um cozido. Fez a mesma coisa com a batata. Depois falou calmamente:

— Olhe bem para estes alimentos. Um foi jogado direto na fervura e o outro ficou confortavelmente fora do problema. O ovo na fervura ficou muito mais duro, mais forte. A batata cozida ficou mais macia e saborosa. Assim também é com a nossa vida. Existem momentos em que vamos direto para uma panela com água fervente. Parece que será o fim de tudo. Mas o mais importante não é ter de enfrentar a panela quente. Importante mesmo é em que condições vamos sair dessa situação. Quando enfrentamos problemas, algumas vezes saímos deles mais fortes, ou mais duros; outras vezes amolecemos, mas ficamos com mais consistência, mais sabor, nos tornamos mais suaves e compreensivos.

— A cada turbilhão em que a vida nos coloca, temos de nos concentrar em como sair dele. Depois, é preciso observar o que sobrou de nós e o que nos tornamos. Essa é a grande transformação, o grande crescimento. Mas saiba que cada nova experiência sempre vale a pena.

— Tudo bem, vó! — disse eu, olhando os alimentos crus e os cozidos. — Mas por que eu? Por que devo passar por isso?

— Mude a pergunta e você terá a resposta!

— Como assim?

— Por que não você? Por que você acha que, se poupada desses aborrecimentos, será mais feliz, sua vida será melhor? E se você não merece passar por isso, por que outro mereceria? A bacia está lotada de batatas e a cesta cheia de ovos. Por que este foi o escolhido para ser cozido? Por que não os outros?

— Não entendi! Mas também não gostei... — disse eu, ainda meio chateada.

— Simplesmente não é uma questão de gostar e muito menos de entender. É preciso sentir e ultrapassar tudo isso, tornando-se melhor, mais forte e, ao mesmo tempo, mais suave. Cada vez que você sentir que está sendo "cozida", pense: o que vai sobrar depois da fervura? Mas tenha a certeza de que você vai sair muito melhor do que entrou.

Quase trinta anos depois, com o avanço da informática e a rapidez dos e-mails, recebi, através de uma amiga, um texto muito parecido com esse. Não sei ao certo se a vovó teve acesso ao texto e o reproduziu, em atitudes, para mim, ou se ela foi a fonte de inspiração para alguém que se encarregou de divulgar o material. Tentei seguir o rastro do texto, mas não consegui.

Sendo essa uma história original da vovó ou não — o que não importa, na verdade —, foi através dessa atitude dela, de comparar os alimentos crus e os colocados numa fervura, que tive mais força para enfrentar os momentos difíceis. Hoje penso no ovo, penso na batata e procuro, a cada dificuldade enfrentada, sair mais forte, mais inteira e melhor do que antes.

Como você tem se saído após as fervuras em que a vida o tem colocado? Superar as dificuldades é fundamental, e aprender com elas, uma necessidade. Com certeza, você sairá melhorado, e muito, depois de cada adversidade. O segredo está em aprender a ultrapassar as barreiras e emergir delas com mais alegria e confiança na próxima vitória.

Demissão

Tudo depende do ângulo de onde você olha

Começar a trabalhar gera uma grande expectativa em todos os jovens. É imensa a ansiedade para colocar em prática tudo o que se ouviu falar a respeito de fazer parte de uma empresa de prestígio. Mas tão marcante quanto o primeiro emprego é também a primeira demissão.

Foi antes do almoço. Cheguei na casa da vovó tão perdida que não sabia nem o que sentia. Pela manhã, como de costume, eu tinha ido trabalhar, mas no lugar do meu cartão de ponto havia um bilhete pedindo que eu fosse ao departamento de recursos humanos. De tão despreparada que eu era, nem me passou pela cabeça que estava prestes a ser demitida.

Fui ao RH sem a menor expectativa de má notícia, mas ela veio e me pegou totalmente de surpresa. Durante todo o tempo em que trabalhei na empresa, tive um diretor, e ele era minha referência para minhas obrigações e meu trabalho. De repente, fui colocada diante de uma pessoa que não conhecia e que apenas me informava que eu não fazia mais parte do quadro de funcionários — e eu nem mesmo sabia que estava num quadro!

Perguntei o motivo e me responderam que era devido a uma re-estruturação da empresa. Só isso. Assinei uns papéis, fui liberada de cumprir o aviso prévio e marcaram comigo a homologação para uma semana depois. Eu nunca havia pensado sobre aviso prévio nem homologação. Enfim, não tinha a menor ideia do que fazer nem do que pensar. Estava confusa.

Minha avó fez um café, sentou-se comigo na sala de estar e começou a me falar sobre a difícil sensação de ver que o rumo de sua vida está nas mãos de outra pessoa.

— Veja só a importância do momento que você vive hoje. O movimento da vida foi independente de sua vontade, mas a afetou a ponto de ter tirado o seu chão. Isso nos faz pensar em alguns aspectos da vida: somos parte de um todo e a roda da vida gira independentemente dos nossos projetos e dos nossos planos; por fim, o que descobrimos é que não temos controle sobre tudo o que nos acontece.

— Mas vó, eu nem sei o que pensar. Não sei o que fazer. Estou me sentindo vazia...

— O que você está sentindo, minha querida, é o vazio do fracasso. É como nos sentimos no momento em que somos jogados fora de um círculo a que pertencemos, mesmo que temporariamente. Isso nos parece um grande fracasso; é uma sensação amarga, que cala fundo na nossa alma e nos paralisa.

— Isso mesmo, vó! É assim que me sinto: paralisada — respondi com certo alívio. Era bom ver que alguém entendia o que eu sentia. Vovó continuou:

— Tudo na vida depende do ângulo em que você avalia a situação. Para a empresa, a culpa da demissão é sua. Afinal, você não se mostrou importante o suficiente para ficar no grupo. Para você, a demissão foi sem motivo aparente. Para quem vê de fora, você perdeu o emprego. Para mim, você ganhou um mundo de possibilidades. Hoje você pode pensar e lutar para estar na empresa que quiser. Você está livre para isso.

— Pare e pense: o que é que você quer fazer? Qual é a experiência que você quer ter? Em que grupo de trabalho você gostaria de estar? Pense e vá atrás do que deseja. Você pode tudo! Tem tempo e vontade para conquistar o que melhor lhe convém. Aproveite as frestas abertas com essa situação e escancare uma porta para você entrar. Parabéns, minha querida! Você está em um momento propício para o seu despertar! Vá em frente!

Como sempre, ouvi com atenção e acreditei nos ensinamentos de minha avó. Confiei em seu modo de ver a situação e fui em busca de uma oportunidade que fizesse mesmo diferença na minha vida, e não apenas de um emprego comum. A partir daí é que pude dar o meu grande salto profissional.

Tudo depende do ângulo de onde você olha. Uma crise também pode ser vista como uma grande oportunidade. Muitas vezes um momento ruim pode esconder uma oportunidade imensa, aquela que realmente pode fazer a diferença positiva na sua vida.

Como você encara os problemas que surgem no seu caminho? Acredite mais em você e, quando surgirem as dificuldades, faça delas o trampolim para a sua ascensão. Como diz o velho ditado popular, "se a vida lhe der um limão, aprenda a fazer uma limonada".

Grandes males, grandes remédios

Encarar os problemas de frente

De uma forma ou de outra, aprendemos a resolver os problemas que nos surgem. Ensinar-nos faz parte da função da própria vida. Mas, quando o problema é grande demais, daqueles que não sabemos nem por onde começar a atacar, a coisa complica. Trememos na base. Porém, também isso tem solução. Só que temos de estar dispostos a atacar o problema com o medicamento certo e aceitar a presença dos efeitos colaterais que vêm junto com a medicação. É preciso coragem e determinação!

Foi numa manhã de domingo. Uma reunião de família anunciava um grande problema: um primo meu havia se envolvido com drogas e ninguém sabia o que fazer. Ele, como a maioria dos viciados, acreditava que podia sair dessa sozinho. Achava um exagero o que a família fazia e, ao mesmo tempo, se sentia abandonado por todos.

Meus tios tentavam, cada um ao seu modo, lidar com a dura realidade que se colocava à sua frente. Mas a situação não se resolvia e, mais grave ainda, parecia piorar a cada dia.

A ala jovem da família, em que eu me incluía naquela época, ficou responsável por apoiar meu primo e se aproximar mais dele, para animá-lo. E os adultos... Eles não sabiam mesmo o que fazer! Era a primeira vez que eu assistia a uma cena como esta: adultos sentados, arrasados, sem saber como agir. Sem dúvida, era hora de a vovó entrar em ação.

Ela começou dividindo o problema em partes:

— Vamos começar o assunto falando sobre a culpa. Pai e mãe não são os culpados pelos erros dos filhos, que isso fique bem claro. Os pais podem errar em não querer ver o problema do filho e, dessa forma, adiar uma solução. Mas é só.

Foi a primeira vez que entendi como um problema que alguém tenha pode afetar a vida de todos os que o amam. A vovó falava sobre a culpa que meus tios sentiam e eles concordavam. Aliás, um culpava o outro. Eles se desuniam e se martirizavam.

Depois de muita conversa com eles, a vovó pôde passar para o segundo ponto a ser discutido:

— Quem deve tomar a atitude do enfrentamento da situação? Vocês estão com medo de seu filho não gostar mais de vocês, se o contradissessem? Parem já com isso! Esse não é o melhor momento para vocês disputarem o amor do menino. Agora é hora de vocês assumirem as responsabilidades de pai e mãe e tomarem as decisões mais acertadas, independentemente de quanto isso afetará a relação de vocês com o garoto.

E a conversa continuou nesse sentido, falando da dificuldade de ser a voz que deve dar o "basta", de ser a mão que impõe o limite, de se tornar o olhar que nega. Por aí se pode ver a dificuldade que é educar um filho, ser pai ou mãe, sem querer errar.

Por fim a vovó falou sobre a importância das atitudes a serem tomadas em casos assim. Para explicar o peso e a importância dessas atitudes, ela usou uma analogia que nunca mais esqueci:

— Infelizmente, não se cura o câncer com aspirina. Quando temos um tumor é necessário fazer uso de tratamentos fortes como a quimioterapia, por exemplo, e ninguém sai ileso desse tratamento. Assim também acontece com os grandes problemas que temos de enfrentar: é preciso ação dura e determinada, além da preparação do nosso espírito para assumir todas as sequelas do problema e contornar todas as contraindicações dos medicamentos que iremos adotar.

— Então, vamos lá. Antes de tudo é preciso coragem para olhar o problema de frente. As más companhias dificultam que o nosso menino saia dessa? Então, mudem de cidade, de estado, de país, se preciso for. É preciso estar mais perto dele para fazer valer os "nãos" que lhe serão impostos? Pois um dos dois, pai ou mãe, tem de parar de trabalhar por um tempo para acompanhar o menino. Façam o que for preciso, sem arrumar desculpas. Lembrem-se sempre: para os grandes males, somente os grandes remédios.

A conversa continuou por bastante tempo e cada uma das soluções sugeridas por minha avó trazia consigo uma marca forte na vida dos meus tios. Vovó os encorajava a pensar olhando o problema de frente e sabendo que, por mais difícil que parecesse, as perdas ainda seriam pequenas se fosse conseguida a cura, a solução de um problema tão grave. Sem culpa, sem medo de perder o amor do filho e acreditando que juntos ultrapassariam aquele momento, todos se sentiram fortalecidos e, unidos, tomaram decisões acertadas que deram o melhor rumo para aquela situação.

A maneira certa de enfrentar os problemas é atacá-los com a força que se fizer necessária para suplantá-los. De nada adianta negar um problema ou usar medidas paliativas, que apenas escondem o que não se quer ver.

Você olha os problemas da sua vida de frente e os encara com a energia necessária para resolvê-los? Tem coragem de assumir as consequências das atitudes que toma? Pense um pouco sobre isso.

Experimente um pouquinho

A *vida feita de sabores*

Muitas vezes agimos de forma ambígua: desejamos mudanças, mas tememos o novo. Enfrentar o desconhecido é sempre uma grande aventura. Na maioria das vezes, muito saborosa.

Eu estava com 13 anos de idade, era começo de ano. Iria para uma nova turma da escola, novos professores, novos colegas de sala, novos aprendizados. Tudo muito novo. Na minha vida pessoal, também havia mudanças acontecendo. Na época, extremamente importantes; hoje nem me lembro quais eram. De qualquer forma, eu estava estressada.

Enquanto os adultos normalmente não levavam a sério o estresse de uma quase criança, quase adolescente, minha avó me chamou na cozinha para conversar. Ela estava limpando a geladeira — todo o seu conteúdo estava em cima da mesa. A vovó parou seu trabalho, sentou-se comigo à mesa e começou a me oferecer tudo o que estava à nossa frente. "Pegue uma azeitona", dizia ela; depois vinha com um pedaço de queijo; então era um suco, refrigerantes, chocolate, leite, água, frutas... Era uma festa de sabores, texturas e cores.

Quando percebeu que eu estava me divertindo com a história, ela me disse:

— A vida é como uma geladeira. Cada momento que vivemos é uma dessas comidas. Há momentos que são fáceis de engolir e gostar, como um suco. Outros são mais azedos e salgados, como a azeitona. Assim também é a vida. Muitas vezes ela nos faz juntar uma coisa ruim com outra não muito gostosa, e é apenas o nosso talento que faz dessa mistura uma delícia. Há também momentos que são verdadeiros refrescos para a alma, como as frutas que comemos agora. Mas tudo isso você só vai saber, conhecer e ter a oportunidade de sentir se experimentar o novo, se se propuser a conhecer novos sabores, mesmo que você, a princípio, ache que não goste deles.

— Nunca desista da geladeira da sua vida e deixe-a sempre muito farta, variada e divertida. Experimente um pouquinho de tudo, sem estresse. Entregue-se ao novo com curiosidade e alegria. Mas, se encontrar algo ruim, não se esqueça de que seu talento pode misturá-lo com outras coisas e torná-lo uma excelente surpresa.

Comecei meu ano novo na escola e aceitei minha geladeira cheia de novos sabores. De lá para cá, todos os anos, a cada novo começo, lembro-me daquela manhã de domingo, sentadas à mesa da cozinha, minha avó e eu, lambuzadas de novidades e de vida. Quer saber como é isso? Experimente um pouquinho mais da sua vida. Arrisque-se com os novos sabores. Você terá gratas surpresas.

Mais uma vez pude ver uma história parecida com a da vovó circulando na internet, mais de trinta anos depois de ela tê-la colocado em prática comigo. Coincidência? Jeito de falar as coisas de forma parecida? Não sei... A vovó não assumia a autoria de absolutamente nada, muito embora soubéssemos que grande parte de suas histórias eram inventadas por ela mesma. Esta eu experimentei com ela. Disso eu tenho certeza!

A vida é feita de muitos sabores. Por isso, viva as suas novidades, abrace o que o mundo lhe oferece de oportunidades. Dessa forma você terá a alegria de experimentar e combinar novas e importantes delícias, que trarão prazer à sua vida.

E SE?...

O *caminho certo*

Qual o melhor caminho a seguir? Ah, se nós soubéssemos a estrada certa para alcançar nossos objetivos, a vida seria muito mais fácil! Mas a verdade é que, salvo raras exceções, não podemos nem mesmo voltar atrás no que já decidimos. "E se?..." é apenas uma condicional, que não se aplica a decisões que já foram tomadas.

Estávamos em casa quando um primo chegou cheio de histórias pra contar. A noite de sexta-feira começava a ser montada para um momento de reflexão. Ele tinha se separado havia pouco tempo e começava a pensar em quais alternativas tinha para redesenhar seu futuro. Um pouco sem chão, sem entender ainda seu novo cotidiano, falava dos seus dias num indo e vindo de passado e futuro, meio complicado de entender.

Falou sobre uma oportunidade que lhe apareceu, assim que terminou a faculdade, para morar em Santa Catarina. Num exercício de reflexão, ele contava como poderia ter sido sua vida se tivesse aproveitado aquela chance. Lembrou-se também de uma namorada que teve e fantasiou sobre como poderia ter sido sua vida se tivesse casado com ela. E, assim por diante, ele nos contou sobre muitos caminhos que, se tivesse tomado, sua vida seria totalmente diferente.

— Todos nós temos muitos caminhos a seguir! — disse a vovó. — Exercitar a imaginação e rever a própria vida é bem gostoso, nos dá liberdade para imaginar e sempre pensamos em tudo como sendo muito bom. Mas a vida é assim? Quem lhe garante que morar em Santa Catarina teria sido bom? Casar com outra mulher daria a você filhos lindos e inteligentes como a união da sua genética e a da sua mulher? A verdade é que todas as possibilidades que surgem à nossa frente são boas oportunidades. Mas o caminho que escolhemos é o único que se torna real. Todo o resto é imaginação e suposição.

— Mas, tia... Como a gente sabe que tomou o caminho certo?

— Não existe caminho certo. Existe, sim, a sua conduta certa no caminho que traçou. Só isso. Cada passo que dá, a forma de ultrapassar cada obstáculo, o jeito de fazer a curva, a hora certa de acelerar e também a hora certa de frear é o seu modo de conduzir sua vida pela estrada que escolheu. Esses detalhes, esse dia-a-dia na estrada é que fazem a diferença na sua história.

— Meu querido, você está enfrentando uma nova fase da sua vida. É difícil superar os problemas. É difícil também olhar para a frente, porque parece que, nesses casos, a gente não vê nada... Mas tenha calma!

— Olhar para trás e ver o passado é muito bom para nos conhecermos melhor. Enxergar os nossos erros nos faz melhorar e não cair nas mesmas armadilhas. Mas procurar os "e se?..." que a gente deixou para trás na vida não vai melhorar o futuro em nada. Preocupe-se, sim, em guiar melhor por essa nova estrada e fazer do seu destino o melhor caminho que você puder. Você é bom nisso e eu acredito plenamente na sua força de superação. É só uma curva errada, um desvio que você pegou... Volte para a sua estrada; não tema ter de assumir um retorno.

— Muitas vezes a gente erra. Mas o mais importante é ter consciência de que é você quem guia por seu caminho. A direção está em suas mãos, simplesmente porque você está apto para essa tarefa.

Os olhos do meu primo se encheram de lágrimas. Ele abraçou minha avó por muito tempo. Não houve mais comentários sobre seus problemas, nem hipóteses sobre sua vida. O silêncio era confortante e forte, e totalmente necessário.

De repente, no momento exato de diluir toda aquela emoção, o ambiente se encheu de uma animada e simples pergunta:

— Vocês querem um café?

Com ternura, a vovó se levantou e tratou de passar um café fresquinho para todos nós.

Depois daquele dia, sempre que esbarro em algum "e se?..." que insiste em fazer com que eu perca meu tempo tentando imaginar algum outro caminho que não tomei, lembro-me daquela ocasião e volto minha atenção à estrada que sigo. "E se?..." é condicional demais para ser real!

Qual é o caminho certo? Quantas vezes você já perdeu o foco de seus objetivos e se perdeu no meio da estrada, ou chegou a lugares diferentes do que pretendia? De que adiantaria você ficar ali parado, à beira da estrada, dizendo para si mesmo que "deveria ter pego o outro caminho"? Isso não resolveria o seu problema. O que não foi não aconteceu e, portanto, não é real. O que realmente resolve é viver sua vida inteiramente, a partir da escolha que você fez. E fazer outras e ir adiante. Só você é dono do seu destino e pode dirigir por seu caminho. Esteja consciente disso a cada decisão que tiver de tomar e esqueça os "e ses" do passado.

Ai, que medo!

Uma forma de vencer seus temores

Crescer não é uma tarefa fácil. Às vezes você não sente um certo frio na barriga, um "medo não sei do quê" que não o larga? Enfrentar o desconhecido, deparar-se com diferenças, aventurar-se por novos lugares pode assustar bastante, especialmente na adolescência, quando se é colocado à prova no grande palco da vida.

Foi principalmente nesse cenário que minha avó foi determinante para a minha vida. Nessa época eu comecei a ter uma série de medos e de vergonhas. Quando conhecia alguém, quando chegava a um local estranho... pronto, eu me fechava. Não conversava e custava a soltar meu olhar.

A vovó percebeu que estava na hora de fazer alguma coisa a fim de que eu pudesse me abrir para a vida e para o novo e acabar com tanto sofrimento.

Em uma tarde de verão, com muito calor e depois um temporal, vovó sentou ao meu lado e, costurando um pedaço de pano qualquer, começou a conversar:

— Sabe que eu também já fui jovenzinha? — e passou a me contar como ela era, como usava o cabelo, como eram as suas roupas, a casa onde morava, a rua e o bairro em que viveu. Contou-me também quanto era tímida, quanto se envergonhava na frente de pessoas que ela julgava que fossem "mais do que ela", em qualquer aspecto que fosse: mais inteligentes, mais fortes, mais bonitas, mais ricas.

— É mesmo? — perguntei, ávida para saber o final daquela história. — Fica difícil imaginar você com vergonha de alguém, ou se sentindo inferior. Não consigo nem pensar nisso!

— Pois é! Eu mudei muito mesmo. Sabe o que aconteceu? Um dia, uma amiga minha, linda, rica, inteligente, reclamou que estava com dor de barriga, coitadinha. Daí, fiquei imaginando aquela beleza de mulher no banheiro, fazendo cocô. A cena vinha montada na minha cabeça: minha amiga tão linda e tão rica, sentada lá, como eu ficava também, fazendo careta no esforço de fazer o cocô sair; depois ela se limpando...

Enquanto a vovó me contava a cena, nós ríamos, com certa vergonha. E ela então continuou:

— Depois desse dia, se eu me sentisse em desvantagem com relação a uma pessoa, por qualquer motivo que fosse, imediatamente eu pensava nela fazendo cocô. Aos poucos, as pessoas se tornavam iguais a mim e eu não me sentia mais retraída ou envergonhada diante delas. Fiz esse exercício durante muito tempo.

Achei essa história a mais engraçada do mundo, especialmente porque veio da minha avó... Mas não demorou muito para eu também usar a técnica. Minha mãe veio dar-me uma bronca. Em vez de ficar com medo, comecei a pensar nela fazendo cocô. Além de rir bastante, ainda tomei coragem para explicar que eu não tinha feito nada de errado. Não é que o negócio deu certo? A técnica da vovó era mais do que divertida... Era eficaz!

Desse dia em diante, deixei de lado minha timidez e, confesso, até hoje me pego imaginando uma pessoa fazendo cocô quando me sinto inferior a ela. Experimente! Tente exercitar-se com a rainha da Inglaterra, o Antônio Fagundes, o Tom Cruise...

Mais do que perder a timidez, esse exercício nos faz perceber que somos mesmo iguais, que não há pessoas "mais" ou "menos" do que nós. Não há razão para se sentir inferior ou superior a alguém.

Pratique olhar as pessoas todas por um mesmo ângulo, a partir do qual todos se nivelam. Essa é a forma de assumir devidamente o seu lugar no mundo. É uma forma de vencer definitivamente os seus temores.

A HORA CERTA

Pensar antes de decidir

Se houvesse um relógio que fosse capaz de nos avisar qual é a hora certa de tomar uma decisão, a vida seria muito mais fácil... Normalmente, ou nos adiantamos, ou deixamos a hora passar. E a decisão acaba acontecendo no momento em que já não se tem tanta força e acaba perdendo a eficácia. Para encontrar a hora certa, é preciso pensar antes de decidir. E depois observar com atenção antes de agir.

Vovó sempre foi uma figura imponente. Aliás, na época dela a família era feita por mulheres fortes, um clã matriarcal. A última palavra, a decisão final sobre qualquer assunto, era sempre vinda de alguma mulher. Os homens não eram menos especiais, mas tinham papéis diferentes nessa sociedade em que vivi. Eles eram pessoas divertidas, observadoras, românticas, enquanto as mulheres eram as bravas, decididas e estressadas. As crianças temiam as mulheres, pois o pior castigo sempre vinha delas. Com os pais, tios ou avôs, as coisas eram sempre mais tranquilas e nenhum castigo era levado a sério.

No clã, a vovó, como mulher mais velha, era a grande ouvidora e juíza das situações, especialmente quando se tratava de problemas. E foi num desses momentos familiares que tive a oportunidade de ter uma conversa muito especial com minha avó.

Vivíamos uma situação difícil em família e a vovó não estava se posicionando da forma que eu imaginava que ela deveria agir. Ela estava esperando muito tempo para "rodar a baiana" e, então, resolvi cobrar dela uma atitude.

— Vó, você não vai fazer nada? Você é tão forte, tão adulta... Está esperando o quê?

— Eu estou dando tempo ao tempo. Preciso pensar mais. Não posso agir com pressa.

— Você não acha que está velha demais para esperar, para não ter pressa?

— Não, querida. Pressa é luxo de jovenzinho...

Interrompi novamente, e confesso que um pouco irritada:

— Não, senhora! Jovenzinho tem o tempo todo a seu favor.

Calmamente, a vovó procurou me explicar:

— Você está enganada. Quando jovens, podemos tomar atitudes impensadas porque, se elas derem errado, temos tempo para consertar. Quanto mais velhas nos tornamos, mais temos de pensar para agir, porque o tempo que perdemos para consertar uma atitude errada é muito grande e valioso demais em nossas vidas.

Mudei de assunto porque não acreditei no que ela me dizia, nem entendi. Mas de alguma forma eu sabia que ela procurara me explicar algo muito importante. Guardei a história num canto do meu coração, para usá-la na hora certa.

O problema com a família teve seu desfecho na sala da vovó, num encontro com os adultos envolvidos. A vovó, como sempre, comandou a reunião e as coisas foram esclarecidas de maneira firme e digna, e na medida exata, como ela sempre agia. Fiquei mais velha e, a cada ano, mais lenta nas minhas atitudes. Mas nunca esqueci aquela tarde de janeiro. Nunca deixei de pensar na importância de esperar pelo momento certo para agir.

É bom ter sempre em mente a importância do momento exato para decidir algo que vai afetar a nossa vida. É preciso pensar com cuidado. Mas somente a maturidade, e só ela, nos dá condições para ponderar e experiência para agir. A maturidade traz consigo a consciência de que não podemos nos dar ao luxo de gastar tempo para corrigir erros decorrentes de decisões mal tomadas.

Fracassar ou desistir?

Quando é preciso arriscar

Que pergunta difícil! Quantas vezes você já pensou em desistir, com medo de fracassar? Mas quem vive a iminência do fracasso tem, do outro lado da linha, a possibilidade da vitória. E essa é uma boa razão para não desistir.

Era uma bonita tarde de sábado. Estávamos em casa, minha avó e eu, curtindo certa preguiça que combinava com o tempo. A vovó havia acabado de fazer um bolo e nós esperávamos que ele esfriasse um pouco para saboreá-lo. Sem aviso, chegou em casa um tio meu. Veio para conversar com minha avó e, sem se preocupar em ser sutil, deixou muito claro que a conversa era só com ela. Hora de curtir a preguiça em outro canto. Mas, naquela tarde, o silêncio era mais forte que a minha falta de atenção ao que eles falavam e, mesmo sem querer, ouvi toda a história.

Meu tio contava sobre seus negócios. Tudo parecia complicado demais para se encontrar uma saída. Ele estava bastante preocupado e dizia que fecharia sua empresa do jeito que estava.

A vovó, então, ofereceu a ele um pedaço de bolo e um café passado na hora. Então, perguntou-lhe:

Fracassar ou desistir?

— O que você prefere: fracassar ou desistir?

Meu tio não entendeu a pergunta e não soube escolher entre as duas péssimas opções que a vovó colocou. Mas ela continuou a falar, com sua visão peculiar das coisas:

— Quando você escolhe a possibilidade do fracasso, opta também pela sua contrapartida, que é o sucesso. Se as coisas estão ruins, você tem a liberdade de inventar a solução mais maluca, ou mais inovadora. Você pode criar, além de desafiar as estatísticas que comprovam que não há saída. O fracasso pode ser iminente, mas existe uma pequena possibilidade de vitória.

— Muito bem, mas você também pode não querer se arriscar nesse momento confuso e desistir. Nesse caso, feche as portas de sua empresa e adie a solução dos problemas. Sem dúvida alguma essa também é uma opção, é uma possibilidade. Mas esse caminho não lhe abre a oportunidade de tentar reverter a situação.

— Escolher arriscar-se a fracassar é bem mais pesado, mais desconfortável do que optar por desistir. Mas não há criatividade nenhuma quando se desiste. Não vira nem uma história. É só uma sombra de um momento ruim.

— Será que há mesmo a possibilidade de você fracassar de vez nessa história?

Meu tio, inconformado com a pergunta, disse a ela:

— Eu não quero fracassar. O custo do fracasso é muito alto!

— E o de desistir não é? Qual é o custo de desistir? Lembre-se: no caminho do fracasso, você pode encontrar a vitória. Mas, se desistir...

Meu tio então perguntou:

— Afinal, o que você está querendo me dizer? Qual a possibilidade que você está enxergando que eu não consigo ver?

Minha avó respondeu com um sorriso no rosto:

— Não sou eu que estou vendo uma solução para o seu problema. É o seu coração incomodado que procura e começa a perceber uma saída. Se você realmente não visse uma pequena luz nessa história, você não teria vindo me contar sobre isso. Quando me conta o problema com riqueza de detalhes, está repassando cada passo, cada momento, para encontrar uma saída. Portanto, a solução do problema existe e está na sua criatividade. Apenas mude o foco, para poder enxergá-la. Assuma as perdas até agora e tente mais uma vez. Se tudo estivesse perdido, a situação teria deixado de ser um problema. Mas se você ainda a vê como um problema, é porque existe solução possível. Somente lhe está faltando coragem para agir!

Qual o homem que gosta de ouvir que lhe falta coragem? Meu tio parece ter gostado, e muito, de ouvir essa bronca. Ele passou a andar pela casa pisando forte e sorrindo. E começou a contar para a minha avó algumas soluções absurdas que lhe vinham à mente. Eles riam, minha avó complementava as ideias dele e, dessa maneira, pensavam juntos na busca por soluções.

Meu tio não fechou seu negócio. Ele deu uma guinada. Nem desistiu, nem fracassou. Apenas virou o jogo.

Fiquei muito impressionada com aquela conversa de minha avó com meu tio. Anos depois fui conversar com ela sobre a difícil decisão de "desistir ou fracassar" e ela resumiu dizendo que a vida só era interessante se assumíssemos alguns riscos. "Os fracassos fazem parte de qualquer história de sucesso. Portanto, arrisque-se!" — dizia ela para mim.

Não é fácil chegar perto do fracasso, mas é muito pior levar consigo a sombra da desistência. Então, arrisque-se. Nunca desista pelo simples medo de fracassar. Só desista mesmo quando você entender que aquele não é o caminho que quer percorrer. Mas desista apenas para recomeçar em outra direção.

O TEMPO DAS COISAS

Respeite-o e afaste a ansiedade

Como controlar a ansiedade num mundo onde o tempo parece ser o grande inimigo da nossa felicidade? Como não ficar aflito quando se espera uma resposta, um telefonema, um e-mail importante? Difícil... Mas absolutamente necessário.

Tínhamos uma vizinha que frequentava muito a nossa casa. Ela morava sozinha e trabalhava bastante. Uma moça pra lá de inteligente, mas lhe faltava um pouco de jeito para lidar com a vida ou, ao contrário, era a vida que não tinha muito jeito para lidar com ela.

Aquele era mais um dia que terminava e começaram as angústias da nossa vizinha. Não me lembro muito bem qual era o motivo naquela noite, mas ela andava de um lado para o outro, na expectativa de uma notícia, uma informação. Olhava o relógio a cada dois minutos e nada acontecia... Não havia mais espaço na sala para os seus passos angustiados. Vovó fez um café e sentou para conversar com ela, como se não percebesse sua agonia. A conversa da vovó foi sobre o seu dia observando as flores:

— Hoje acordei mais cedo que de hábito. Levantei-me sem pressa, peguei uma xícara de café e fui olhar meus vasos de plantas. Sem pressa, pude perceber cada cantinho, ver cada galho novo, cada vaso e cada flor. Olhei tudo com atenção, não com os olhos de quem cuida todo dia daquelas plantas, mas com o coração.

— Tem um vaso lá fora que é incrível, venha dar uma olhada. Você está vendo estas flores? Nascem só uma vez por ano. Eu as rego todos os dias, durante todo o ano, para vê-las apenas por uma semana. Só uma semana. Sabe o que é mais incrível? Eu sempre acho que vale a pena.

— E esta aqui é uma samambaia. Ela cresce lentamente. Porém, se eu colocar um pouco de água a mais do que precisa, ela apodrece. Se eu não a regar do modo certo, ela seca. É preciso conhecer cada um dos vasos, a peculiaridade de cada um deles.

— Tenho plantas aqui que me acompanham há mais tempo do que alguns amigos meus. Perdida em meus pensamentos e nos vasos, todo dia me percebo olhando minhas plantinhas durante horas a fio. Assim, sinto-me diferente, revigorada, cheia de fé. Meus olhos, que vivem voltados à terra dos meus vasos, se voltam então para os céus, como se pudessem ver os anjos. A jardinagem, para mim, é a arte de cultivar a fé. A cada semente germinada tenho a prova viva de que a esperança não é só um sentimento, mas uma verdade escrita pela força da vida.

— Você tem pressa de quê? Por que está ansiosa? Olhe menos para o relógio e mais para o céu. Procure mais os anjos do que as notícias. Tenha mais fé do que ansiedade em seu coração. Tenha calma e aprenda a respeitar o tempo das coisas.

Nossa vizinha sorriu e pediu à minha avó que a deixasse cuidar por um tempo daquele vaso cuja flor demora um ano para florescer e dura então apenas uma semana. Minha avó lhe deu a planta. Ela passou a cuidar do vaso com todo o carinho e passava uma semana por ano admirando o milagre do tempo e da vida.

Respeitar o tempo de cada coisa é a receita para afastar a ansiedade e renovar a esperança. Sua esperança, sua fé, está em baixa ultimamente? Olhe para o vaso que você tem em casa, olhe para o seu jardim, e perceba como a natureza tem seu próprio tempo e ritmo. Olhe com o coração, encha-se de alegria e relaxe. Lembre que você também é parte dessa natureza e precisa aprender a respeitar o seu próprio tempo.

AMOR É ATITUDE

Demonstrar amor nas pequenas coisas

Como você diz "eu te amo"? Acredite, existem várias formas de expressar o amor que sentimos e todas elas são maravilhosas. O amor é gesto, é pensamento, é carinho, é um olhar meigo, é atitude, é um presente. É um jeito especial de se comunicar que fala com a alma e o coração das pessoas.

A vovó tinha um jeito próprio de ser amável e carinhosa, mas definitivamente não era com beijinhos e abraços. Ela não gostava muito desse "pega-pega", e as declarações de amor não eram seu forte. Sua forma de declarar seu bem-querer era diferente: um bolo especial, o conserto de uma roupa, um botão preso novamente ao casaco, uma comidinha feita na hora e, sobretudo, muita atenção.

Acho que não tive a oportunidade de falar sobre as mãos da vovó. Eram mãos grandes e fortes. A vovó tinha uma força danada, de quem trabalhou duro uma vida inteira. As unhas dela eram bem cortadas, mas com um formato grande, meio quadrado. Suas mãos chamavam muito a atenção, e delas surgiam tantas coisas incríveis.

A vovó tinha um jeito especial de fazer valer as duas palmas e os dez dedos de suas mãos: cozinhava, bordava, cosia, pintava, consertava coisas — todas as coisas —, lavava, passava, escrevia, telefonava e... às vezes, acariciava, meio sem jeito, o meu cabelo revoltado — mas logo parava.

Um dia comentei com ela sobre esse seu jeito de não falar o quanto amava as pessoas e vovó aproveitou o momento para me falar sobre o valor das atitudes:

— Um grande pensador só fica conhecido no mundo quando toma a atitude de escrever e divulgar seus pensamentos. Se apenas ficar pensando, ninguém o conhecerá, nem aos seus pensamentos. A vida é feita de atitudes. São elas que fazem você colar uma série de imagens, boas imagens, na sua história.

— Olhe só o corpo humano: o coração está no peito e guarda os sentimentos, mas são os braços e as pernas que permitem as ações do seu cotidiano. As mãos fazem, as pernas correm ao objetivo. Mas tudo que o impulsiona está no coração.

— Você pode perguntar: o que há de especial nisso? Simples: você não deve deixar suas atitudes distantes do seu coração. Aja da forma que sente e faça com que suas atitudes tenham a força do amor que há em seu peito.

A partir daquele dia passei a olhar para minhas mãos e meus pés de maneira diferente. Passei a enxergar neles a oportunidade de manifestar fisicamente o meu amor.

Vovó me dizia "eu amo você" quando me servia seu nhoque, que demorava horas para fazer e eu comia em cinco minutos. A roupa que ela costurava para mim era uma declaração de amor tão forte que eu ficava mais bonita. Tinha também o café fresquinho, a cama arrumada, a roupa lavada e sua disposição de me esperar acordada todas as noites para ouvir o que eu tinha para contar naquele dia.

Comecei a agir mais como quem ama, com a vovó e com todas as outras pessoas que habitam meu coração. Hoje posso até economizar palavras, mas procuro não economizar atitudes para demonstrar o meu amor.

Descubra um jeito só seu de demonstrar o seu amor. Faça com que cada pessoa que você ama sinta a sua presença carinhosa e o tamanho do seu amor. Você tem o hábito de dizer o quanto ama as pessoas que lhe são especiais? Pois é possível, e importante, demonstrar o seu amor nas pequenas coisas do dia-a-dia de vocês. Amor também é atitude, e não apenas um sentimento.

Um simples batom

Aprenda a gostar mais de você mesma

Você é daquelas pessoas que acreditam que vaidade é pecado? Ah! Vai me dizer que você nunca se perdeu em pensamentos, olhando para um batom e imaginando como seus lábios ficariam bonitos com ele?... Um pouco de vaidade faz bem. Experimente!

Era sábado de manhã, estava sol, mas havia o vento meio frio que anunciava o outono. Pulei da cama, já atrasada. Havia programado ir a um parque e depois me encontraria com amigos para uma feijoada. Vesti uma roupa, ao mesmo tempo em que escovava os dentes. Tropeçando, calcei os sapatos e tomei um café preto. E assim foi, até que a vovó parou a minha afobação.

Ela me perguntou aonde eu ia com tanta pressa. Contei a ela sobre minha programação, animada que estava com um sábado agitado, mas ela me fez parar um pouquinho e me observar no espelho. Realmente, eu não estava com a melhor das aparências. Faltava um pouco de pente no cabelo, mais atenção com os dentes. A roupa também não estava combinando muito. Mas eu queria aproveitar o meu dia! E tentei explicar para minha avó que eu não queria perder tempo. Mas não adiantou. Ela me fez ouvir a história do batom.

Era sobre uma moça não muito bonita, que sonhava comprar um batom vermelho. Mas sua mãe dizia que batom era coisa de mulher "dada", especialmente de uma cor tão forte quanto a que a mocinha gostava. Portanto, a menina só teve acesso ao batom após seu casamento.

Ela passava horas na frente do espelho, pondo e tirando o batom da boca. Assim, aprendeu a se olhar, conhecer seu rosto, seu cabelo. Conheceu suas sobrancelhas, coisa em que ela nunca tinha reparado antes. Aos poucos, além do batom, a moça que virou mulher do dia para a noite comprou cremes, sombra, rímel, perfume, e foi aprendendo a se olhar, a gostar mais de si. Usou e abusou de todos os seus novos amigos e ficou linda!

Ela passou a chamar atenção por onde andava e seu marido se orgulhava da mulher que estava ao seu lado. Ela se tornou uma mulher muito amada e feliz e depositava no seu batom vermelho toda a sua confiança, abrindo seus melhores sorrisos.

— É claro que não foi o batom vermelho que fez a vida dessa moça ser tão melhor do que era — completou a vovó. — Foi a atitude dela na frente do espelho que fez toda a diferença. A partir do momento em que ela se dispôs a se olhar, a ficar na frente do espelho, percebendo mais do que uma simples imagem, descobriu quem era e sua beleza saltou aos seus olhos e lhe deu vontade de mostrá-la a todos.

— Quando nos arrumamos estamos fazendo duas coisas: a primeira é que estamos nos acariciando, dando um pouco de atenção a nós mesmas. A outra é que transmitimos ao mundo que nos importamos com ele. Agora, volte para o seu quarto, atrase-se um pouquinho, mas encontre-se na frente do espelho.

Voltei para o meu quarto. Percebi que sentia um pouco de vergonha de olhar para o espelho, assim como se não devesse ser vaidosa. Esforcei-me e me olhei de novo. De repente, estava me divertindo com os detalhes que encontrava em meu rosto: sou tão sardenta! Olha só, nunca tinha reparado que meus lábios eram finos, nem que a cor dos meus olhos era mais clara do que aquele castanho que sempre vi. Passei a mão na minha pele — opa!... Preciso usar um creme, pensei. Procurei um perfume gostoso e me lembrei também de uns brincos que usava pouco.

Saí do meu quarto bem diferente de quando entrei. Saí mais forte, bonita e agradecida por ter encontrado em mim mesma uma boa companhia. Fui ao parque, encontrei meus amigos para a feijoada e todos perceberam que eu estava diferente, mais bonita, mais charmosa. Na verdade, eu estava principalmente mais feliz comigo mesma.

Apresentar-se bem, cuidar da aparência, é uma forma de demonstrar seu carinho com o mundo e o seu apreço por si mesma. Olhe-se mais no espelho, cuide-se. Arrisque um batom. Isso não é perder tempo... Ao contrário, é ganhar autoconhecimento e prazer.

O CONHAQUE E A CERVEJA

Saber tratar as tristezas

*E*xistem momentos na vida em que parece que somos colocados em uma gangorra. São sobe-e-desce alucinantes, incontroláveis. Tudo acontece ao mesmo tempo, com muita velocidade. Alternam-se as alegrias e as tristezas, com uma frequência que nos deixa zonzos. Mas, para nosso desespero, são as tristezas que mais prendem a nossa atenção.

Eu estava com o casamento marcado. Havia terminado a faculdade e tudo estava para acontecer e mudar o rumo da minha vida. As tristezas e alegrias eram inconstantes. Ouvia sempre muito "não" e pouco "sim" da vida.

Minha avó procurava me animar todas as noites. Meus melhores momentos eram aqueles em que eu sentava com ela na sala, tomávamos um cafezinho e conversávamos. Vivendo aqueles momentos difíceis que uma jovem enfrenta, essas eram as oportunidades que eu tinha de colocar todas as minhas dúvidas e inseguranças no colo dela.

Certa noite, cheguei cansada de mais um "não" que havia levado e falei para minha avó que não sabia como superar os

O CONHAQUE E A CERVEJA

problemas que me apareciam. Eu havia chegado à conclusão de que a vida era feita de muitos maus momentos e pouquíssimas boas situações. Claro que minha avó, sempre atenta às minhas reações, percebeu que aquele era o momento certo de me dar mais alguns conselhos. Deixou seu café de lado e me ofereceu um gole de conhaque.

Nunca tive o hábito de beber, especialmente conhaque, que me parecia forte demais. Mas ela insistiu e eu tomei um pequeno gole. Arranhou minha garganta, queimou meu estômago — uma sensação muito ruim. Rindo, ela me trouxe uma cerveja. Tomei um copo inteiro rapidamente. Sem saber, montei a cena que ela queria.

Com as garrafas de cerveja e de conhaque à frente, vovó me chamou a atenção para a forma como comemoramos os bons momentos e também para o jeito com que afogamos as nossas mágoas. Disse ela:

— Olha só como somos estranhos: nas comemorações, em momentos de alegria, reunimos os amigos e tomamos uma ou várias cervejas. Fazemos um vira-vira, bebemos rapidamente o copo todo e, na hora de voltar o copo vazio à mesa, o sorriso de satisfação acompanha a mão que pede mais um pouco. Outro brinde e mais um copo. Mas, na hora da tristeza, na hora de afogar a mágoa numa noite fria, que gela a alma e o coração, optamos por algo mais forte, mais denso, tal qual a nossa dor — um conhaque, por exemplo. Gole a gole, vamos bebendo e sofrendo mais e mais, colocando no copo a dor da alma, naquele momento envelhecida como o destilado que tomamos. Uma dose demora para acabar...

— Esse é um dos grandes erros que cometemos na vida. A alegria, assim como a cerveja, bebemos rapidamente — terminamos com o copo em menos de um minuto. Já as tristezas, essas não! Temos o hábito de saboreá-las devagar, gole a gole, sofrendo com cada um deles.

— Minha querida, faça o contrário e sua vida vai ser bem mais fácil. Problema: coloque no copo da cerveja, vire rápido, para não dar tempo nem de sentir o gosto. Mas a alegria... Saboreie com calma, valorize o sabor, sinta o aroma, perceba quanto é importante que todo o seu corpo perceba e viva essa aventura de ser feliz.

— Assim, quando você olhar para trás e enxergar a sua vida como um todo, verá que os problemas são a exceção e não a regra. Porque ninguém nasce e cresce apenas para sofrer. Entre a cerveja e o conhaque, fique com os dois. Mas na dose certa de cada um deles.

Saber lidar com as tristezas é dar uma chance para as alegrias em sua vida. Evite guardar problemas ou mágoas. Eles ocupam muito espaço na sua alma e não deixam lugar para as boas coisas da vida.

Doenças Incuráveis

Aceitar o inevitável e viver o melhor

Doenças assustam sempre, especialmente quando chegam antes da ciência com a sua cura. Porém, mais difícil que a própria doença é o desespero, ou, ainda, a falta de esperança. Sem esperança, morre-se antes da possível morte provocada pela doença.

Era a década de 1980. Chegou em casa uma amiga da minha avó, que tinha dois filhos jovens. O clima da sala estava pesado. Aquela senhora, sentada no sofá, não parava de chorar, enquanto contava suas mágoas para vovó. Achei melhor fazer um café para que elas pudessem conversar, mas a cozinha e a sala eram próximas demais para que eu não ouvisse a conversa.

A mulher contava à minha avó que seu filho mais jovem havia contraído uma doença terrível e que morreria em cerca de um ano. Não dizia qual era a doença do rapaz e não parava de chorar.

Minha avó, então, sentou mais perto da amiga. Calmamente, pegou em suas mãos e disse:

— Minha querida, vamos entender essa terrível história por partes. Primeiro, você está chorando pela proximidade da perda do seu filho, ou pela vergonha de assumir que o menino está com aids?

A mulher olhou para a minha avó com certa raiva e disse:

— As duas coisas! Você não imagina o que sinto! Não imagina como é saber que seu filho tem data marcada para morrer, e de uma doença tão maldita!

Minha avó então disse a ela:

— Vou contar-lhe uma coisa que talvez você não saiba. Meu marido contraiu a lepra, numa época em que a doença era tão maldita quanto a aids. Tive de sair da cidade pequena onde morávamos, para que meus filhos não sofressem com o preconceito de pertencer à família de um leproso. Deixei meu marido num sanatório, para que eu pudesse cuidar das crianças, e nos despedimos como se não fôssemos mais nos ver. Eu o visitei algumas vezes naquele maldito lugar.

Meses depois de sua internação, condenado à morte, sem poder lutar, descobriram a sulfa, e através desse medicamento os médicos puderam entender melhor e controlar o mal de Hansen. Meu marido voltou para casa anos depois e pôde conviver com a doença e a sociedade. Viu os filhos crescerem, casarem, teve seus netos e uma vida normal. Eu sei, sim, o que é uma doença maldita, incurável e cercada de preconceito. Então, vamos começar novamente a nossa conversa e eu repito a minha pergunta: você está chorando a perda do seu filho ou a vergonha de assumir que o menino está com aids?

A amiga da vovó estava surpresa e assustada ao mesmo tempo, assim como eu, na cozinha, ouvindo aquela triste história sendo tratada de maneira tão direta. A mulher baixou os olhos e nem tentou responder à pergunta. Então minha avó continuou a falar:

— Essa é a hora certa de você olhar para o seu filho e encontrar nesse momento difícil a alegria de saber que tem cerca de um ano para se dedicar a ele integralmente. E aproveitar esse tempo, que não é pequeno, para encher um baú de boas lembranças, com histórias lindas vividas entre mãe e filho. Quantas mães perderam seus filhos num acidente, por exemplo, e não tiveram esse tempo que Deus está lhe dando para viver grandes histórias com seu garoto?

— Olhe para esse tempo disponível hoje como uma dádiva e curta cada instante ao lado de seu filho. Durma com ele em sua cama, abrace-o bastante, conte histórias, ouça as histórias dele, conheça os seus amigos, divirta-se com ele. Viajem juntos. Tirem muitas fotos... E quando a doença for mais forte do que ele, você estará ainda mais forte que todos e poderá sustentá-lo em seus braços quando ele passar mal, poderá ajudá-lo quando o corpo dele já não estiver colaborando.

— E talvez, quem sabe, a medicina ande mais rápido que tudo isso e descubra a cura a tempo de salvá-lo. Isso aconteceu com o meu marido. Mas, se o tempo não estiver ao lado de vocês e dos estudos da ciência, pelo menos você vai olhar para o seu filho e saber que vocês viveram momentos inesquecíveis.

— Guarde o seu choro para quando ele não estiver mais com você. Nesse dia, você vai poder abrir o seu baú de lembranças e recordar tudo o que viveram de bom. Você vai chorar, sim, mas será um choro bom, de quem soube amar e foi amada.

— Nunca perca a esperança. Lembre-se de que as doenças só são incuráveis até encontrarem a cura.

A mulher foi embora, determinada a viver com o filho tudo de bom que lhes fosse possível. Minha avó chorou muito quando ela saiu. Parecia até que estava sentindo toda a dor daquela mãe.

Soube depois que mãe e filho fizeram uma viagem de navio de três meses, com direito a muitas fotos e vídeos. Não foi nada fácil enfrentar a doença. Não existiam ainda remédios que pudessem dar uma qualidade de vida melhor aos que sofriam dela. Até o rapaz morrer, ele ficou muito magro, passou muito mal, sofreu. Mas sua mãe estava cada vez mais forte e soube enfrentar os tempos ruins como ninguém. Ficaram dessa época muitos espaços preenchidos com bonitas fotos dos dois e de seu amor.

O amor eterniza e prolonga a beleza da vida. Diante do inevitável, aceitar o seu destino com resignação e vontade de ser feliz, enquanto possível, torna a vida melhor. E constrói boas lembranças, que são eternas.

CONVIVER COM AS PERDAS

Não deixar de viver por temer a morte

Como você encara a morte? Você é daqueles que têm medo de falar sobre ela, temendo atraí-la? A morte faz parte da vida. Mas, quando presta atenção demais nela, sua vida passa e você não a aproveita.

Conheci meus bisavós, avós, tios-avós. Quando tomei consciência de que a natureza faz com que, normalmente, os mais velhos morram primeiro, fiquei apavorada! Quanta gente eu teria de perder durante a minha vida? Eu era a caçula! Que loucura!!! Que medo eu tinha de olhar para a minha família. De certa forma, eu estava sendo obrigada a encarar a possibilidade da perda e da morte como situações que deveriam me rondar por vários momentos da minha existência.

A primeira pessoa muito próxima a mim que faleceu foi um tio-avô, irmão da vovó. Ele era solteiro, farrista, minha avó dizia que era boêmio. Ele morreu depois de uma festa. Chamou o elevador, mas quando a porta se abriu ele não percebeu que o elevador não estava lá. Ele caiu no poço e foi descoberto dias depois, sei lá como. Primeiro enterro. E eu apenas pensava em como se faz para se despedir de um tio-avô que nos enchia de balas e doces o tempo todo.

Depois, morreu uma amiguinha minha da escola. Um acidente com um fio de alta-tensão. Mas os velhos não morrem primeiro? Então por que ela morreu tão novinha? Minha avó me explicou que as mortes não aconteciam de maneira tão certinha assim, por idade, uma de cada vez. Fiquei mais tranquila ao saber que, mesmo sendo a caçula, não teria necessariamente que ficar sozinha no mundo, com a responsabilidade de enterrar o último. Mas sobre a dor e o vazio das perdas a vovó ainda não tinha conversado comigo.

Um dia perguntei a ela como lidar com a morte, com as perdas que a vida causa. Preocupada com a minha pergunta, minha avó parou o que estava fazendo, olhou bem nos meus olhos e respondeu:

— A vida não causa perdas. A morte é consequência daquele que viveu. Eu não vou amenizar as coisas para você. Perder alguém que se ama dói profundamente e não passa. A gente apenas se acostuma com uma pontada no peito chamada saudade. Mas a morte não é tão ruim quanto pintam. Ela não chega de repente, nem mesmo no caso de um acidente, porque todos os dias você morre um pouquinho. Quando alguém que você ama morre, uma parte sua também morre. Quando alguém a magoa, você também morre um pouquinho. Há momentos em que a obrigam a calar-se, e não poder dizer o que se quer também é morrer um pouco. Matam a nossa força quando não nos é permitido agir. Matamos o brilho dos nossos olhos quando não enxergamos a forma de realizar o nosso sonho. E quando a morte física vem, não importa a idade que você tenha, de alguma forma ela não é uma desconhecida. Isso não significa que você seja amiga dela ou a aprecie. Simplesmente você vai olhar e reconhecer aquela história, sem medo. E é só isso!

— Para aqueles que ficam quando alguém se vai, como lidar com a saudade? — perguntei. E ela respondeu:

— Não se aprende a lidar com essa dor. Apenas se acostuma com ela. A única coisa que alivia é poder lembrar-se dos bons momentos, das boas palavras, do abraço apertado, dos beijos... Essas lembranças são tão fortes que trazem a pessoa de que se sente falta pra pertinho da gente. Fechamos os olhos e podemos sentir seu cheiro, seu toque na nossa mão. A contrapartida da dor da perda é sempre a lembrança. Por isso, viva intensamente os momentos com as pessoas que lhe são importantes e construa boas lembranças.

— Então, se eu amar poucas pessoas durante a vida vou sofrer menos, porque vou perder menos, não é mesmo?

— Essa é uma lógica muito burra. Menos gente significa menos vida. Se seguir a sua lógica, você vai viver muito menos por medo da morte e da perda. Amar é sempre bom; mesmo que machuque em algumas situações, sempre vale a pena. Em vez de pensar na morte, não é melhor viver a vida?

Nesse dia eu lembrei claramente que nem sempre a vovó falava macio. Muitas de suas histórias e de seus ensinamentos eram fortes, sem medir as palavras. Afinal, quando o assunto tratado são as perdas, nem sempre dá para amenizar!

Nunca mais falamos sobre morte, mas pude sentir em algumas situações o peso dela. Mesmo entendendo que as perdas fazem parte da vida, elas doem e não cicatrizam. Apenas amenizam nas lembranças, no carinho dos momentos que podemos recordar sempre.

Para lidar com a morte é preciso não dar atenção a ela. Viver como se ela não existisse, porém sem negar a sua realidade. É preciso aprender a conviver com as perdas. Sabemos que a morte faz parte da história de todos aqueles que vivem. Mas não devemos deixar de viver por temê-la.

O CONFORTO DAS RUGAS

Saber envelhecer

Você tem o hábito de se olhar no espelho? Você se reconhece sempre, ou mal olha para o seu rosto? Você se dá conta de que está envelhecendo?

Domingo de manhã e nada para fazer. Tomei um banho, lavei o cabelo e me perdi em meus pensamentos. Olhava para o espelho e enxergava cada detalhe do meu rosto. Nos meus vinte e poucos anos de idade as marcas de expressão já me incomodavam, porque sentia em cada uma delas as marcas do tempo.

A vovó me observava da porta do quarto, até que me interrompeu, oferecendo um café. Aceitei de imediato. Mais do que o café, eu precisava conversar com ela. Pedi que sentasse ao meu lado e perguntei:

— Vovó, você foi uma mulher tão linda na juventude... Como foi, para você, envelhecer?

Ela riu, pediu um tempo para pegar um café para ela também e começou a me contar:

— Uma noite, seu avô e eu fomos ao cinema. Naquela época o *hall* das salas de cinema era muito grande e tinha paredes espelhadas. Saí do filme distraída, comentando sobre a história que acabara de ver, andando e falando, até que bati no ombro de uma senhora, bem velhinha, acabada mesmo. Olhei para o lado para me desculpar... E dei de frente para a minha imagem refletida no espelho. Levei um susto que você nem imagina! Fiquei emudecida. Voltamos para casa sem que eu falasse mais nada. Na sala conhecida e confortável do meu lar, seu avô me perguntou o que havia acontecido e eu, com vergonha, contei para ele.

— Ele achou muita graça em me ver acanhada e assustada ao mesmo tempo, mas não percebeu que eu estava chocada porque havia me enxergado velha.

— Tentei entender minha reação. É estranho, porque todos os dias nos olhamos no espelho. O problema é que cada vez que nos olhamos vemos apenas uma parte de nós. O cabelo, quando estamos nos penteando, os olhos, caso estejamos nos maquiando, a boca, se estivermos passando um batom, mas não vemos o conjunto. E o que envelhece é o todo. O coração que apanha, a mão que bate, o olho que chora, a testa que sua, a boca que grita e também sussurra... A cada dia, seu corpo tem um dia a mais de uso e tudo o que você faz e pensa fica impresso em você.

— Então, de repente, tive a oportunidade de me ver por inteiro e enxerguei uma velha.

— Vovó, você teve vontade de fazer uma plástica?

— É estranho dizer, mas acho que se fizesse uma plástica eu não tiraria todas as rugas. Só as mais fortes. Dava uma costuradinha aqui, outra ali, só para não cair tudo. Mas muitas das rugas eu deixaria no meu rosto.

— Pra quê?

— Cada ruga que aparece no rosto tem a ver com uma situação vivida. A ruga se forma quando a gente ri e também quando a gente chora. Cada ruga é, na verdade, um conforto. Ela significa que vencemos um obstáculo. Ela nos lembra que ultrapassamos problemas, o tempo, as decepções, as preocupações. Temos de respeitá-las, assim como respeitamos a nossa história.

— Lembre-se sempre: um sapato novo é lindo, mas não é confortável. Um sofá novo é uma delícia, mas demora um pouco até que você encontre seu canto. Um carro novo é ótimo, mas precisa de um tempo para ser amaciado. Conforto você só encontra nas rugas e no tempo, porque eles significam vida.

Minha avó se levantou e foi para a cozinha. Continuei a olhar para o espelho, procurando ver-me por inteiro, mas só conseguia ver os detalhes. Na época, eu não tinha nem rugas nem tempo suficiente para entender o que a minha avó dizia.

Continuo me olhando em detalhes e hoje enxergo as rugas, os cabelos brancos e me lembro dessa manhã de domingo. Lembro-me da minha história e de todas as histórias que já vivi. Pinto o cabelo e acho graça. Fico esperando o momento certo de fazer uma plástica, mas para tirar algumas rugas, esticar um pouquinho e manter outras. Simplesmente porque quero estar confortável com minha história.

Saber envelhecer é sinal de que se sabe viver. Somente quem vive plenamente, e desfruta a vida, tem a tranquilidade de chegar à velhice com naturalidade. Para essas pessoas, rugas e cabelos brancos são como diplomas, atestando que valeu a pena viver.

NAVIO VIKING

MANTER CADA COISA EM SEU LUGAR

Quando todos os seus compromissos diários parecem se tornar impossíveis de serem cumpridos em um único dia, é sinal de que você se tornou adulta. Então é hora de parar e se organizar para poder levar a vida com tranquilidade e sem atropelo. Mas como fazer isso?

Lá estava eu, amaldiçoando a vida porque ela não me permitia resolver todos os meus problemas. Faltava mão para fazer tudo. Faltava tempo para a solução das coisas e, principalmente, faltava em mim o amadurecimento necessário para viver as coisas de adulto. Não demorou para a vovó entrar em cena e me colocar para pensar.

Foi numa noite qualquer. Nessa época eu já morava com ela, trabalhava durante o dia e fazia faculdade à noite. A nossa conversa começou quando cheguei da faculdade. Ela preparou um chocolate quente, levou o copo até mim e começou a me contar a história das embarcações. Falou sobre a canoa dos índios, tão rasa e estreita que não lhes permitia longas viagens. Contou, com o entusiasmo que lhe era marca registrada, a aventura de enfrentar o desconhecido; descrevia o mar como uma imensidão inexplorada, mutante, inconstante e indomável. Ela, enfim, chegou à história dos navios vikings. Descrevia aquelas construções como obras de extraterrestres, experientes construtores. Realmente, esses navios eram complicadas obras de engenharia, feitas em uma época de poucos recursos. Brilhantes.

Mas o mais interessante nessa invenção ainda estava por acontecer. Ela me contou que, a princípio, os navios tinham grandes espaços abertos, sem divisão em compartimentos. Os vikings, então, navegavam por terras distantes, exploravam todas as possibilidades de cada canto que visitavam e traziam muitas especiarias: madeira, sal, pimenta, frutas, folhas. Enchiam o navio e voltavam carregados para suas casas. Porém, quando chegavam em porto seguro, percebiam que haviam perdido 80% das suas mercadorias. Durante a viagem, com o balanço do mar, os produtos se misturavam — sal com folhas, com madeira, com pimenta... A perda das mercadorias era grande e não lhes permitia o aproveitamento da viagem. Até que um navegador decidiu criar compartimentos no porão de seu navio. Ele colocava em cada espaço um determinado produto. Sua viagem teve 100% de aproveitamento e todos os outros vikings copiaram a ideia.

Achei superinteressante a história, mas não entendia aonde vovó queria chegar com ela. Isso até ela me explicar:

— Minha querida, a cabeça da gente é exatamente como um navio viking: forte, disposta a enfrentar grandes viagens rumo ao desconhecido e absorver todas as experiências vividas. Mas se você não usar compartimentos em sua cabeça, vai perder boa parte dessa incrível bagagem na viagem que é a vida. Por isso, faça repartições nas suas preocupações por assuntos e problemas. Numa comporta estará a sua faculdade. Nela você tem de guardar o máximo de ensinamento possível, pois não sabe o que usará na sua vida profissional. Ponha em outro espaço a sua relação amorosa, o seu namoro. Em outro canto, guarde suas amizades. Reserve um espaço especial para a sua família, e assim por diante.

Depois de tudo separadinho, aí sim, você poderá abrir cada espaço, com calma e atenção, e verá as coisas com mais clareza. Compartimentar os problemas e as alegrias nos ajuda a enxergar cada situação como deve ser: única. Tenho certeza de que dessa forma a sua vida e a solução de seus problemas ficarão bem mais fáceis de serem entendidos.

— Mas vó — disse eu, meio confusa com a comparação.
— Não é fácil colocar em prática essa história!

Ela riu, levantou-se como quem estava encerrando a conversa e concluiu:

— E quem foi que te disse que a vida é fácil?

A vida pode não ser lá muito fácil mesmo, mas é uma incrível viagem cheia de descobertas fantásticas. Não se perca em detalhes. Vá, enfrente os mares e as marés, porque a vida vale a pena! Mas lembre-se de manter cada coisa em seu lugar, se quiser tirar o máximo proveito dessa viagem.

Rotina

Um bem necessário

Acordar todo dia e já saber o que vai fazer, sem ter nem mesmo de pensar sobre isso. É a rotina. Você é daquelas pessoas que se arrepiam só de pensar nisso? Então, que tal avaliar outro ponto de vista sobre o assunto?

Num domingo de manhã chegou à casa de minha avó uma amiga dela, uma mulher jovem, com cerca de 40 anos de idade. Ela estava bastante abalada. Contou para vovó que estava para se separar do marido. O motivo? Não aguentavam mais a rotina.

Ela reclamava da falta de emoção, de ter de viver a mesma coisa todos os dias, todas as semanas, todos os meses, ano após ano. Falava de sua vida de maneira enfadonha, como quem realmente estava cansada de tudo aquilo.

Minha avó, então, fez um café para a sua amiga e começou a comentar sobre uma matéria que havia tomado conta dos noticiários da semana. Um homem estava acostumado a sair todos os dias de casa e ir para a academia e, depois, para o trabalho. Um dia, esqueceu que estava com seu filho, ainda bebê, dentro do carro e seguiu sua rotina. Foi para a academia e deixou o carro fechado no estacionamento descoberto, em pleno calor de verão. Quando voltou, o bebê havia falecido.

Minha avó lembrou-se ainda de outro caso: falou da mulher que não sabia o que fazer da vida, agora que estava aposentada. Durante anos fez o mesmo caminho, o mesmo trabalho, e agora, livre, com seu tempo inteiramente disponível, não sabia o que fazer. Estava em depressão. De repente, minha avó parou e perguntou à amiga:

— Mas, afinal de contas, o que é a rotina senão a vida que você traçou para si mesma?

— As duas histórias que acabo de contar são de pessoas que se perderam no momento em que saíram da rotina. Claro que meus exemplos são extremos, mas são verdadeiros.

— Procure olhar a rotina por outro prisma. A rotina pode ser extremamente benéfica. Ela lhe proporciona a capacidade de dar o próximo passo sem medo e sem ter de se desgastar. A rotina é a sequência do nosso projeto, é cada tijolo colocado para a construção da sua casa, é cada quilômetro rodado para chegar aonde você quer ir.

— Você está cansada da sua rotina? Talvez esteja, então, abandonando o seu melhor projeto de vida. Talvez até tenha se esquecido dele no meio do caminho. Antes de reclamar de tudo o que está à sua volta e da tal da rotina, volte um pouco no tempo e tente lembrar-se do motivo pelo qual você tomou esse caminho. Seu problema pode não ser a rotina do dia-a-dia, mas as próprias escolhas que você fez. A rotina, se bem planejada, se bem vivida, é muito boa e bastante útil!

Ouvi aquela conversa toda sem entender muito bem o que a vovó queria dizer. Afinal, é estranho uma jovem tentando entender como a rotina pode ser uma coisa boa. Mas fazia sentido tudo o que a vovó explicava. Guardei a história na minha alma. De alguma forma, eu sabia que haveria um momento para rever essa conversa.

Adoro os meus dias, faço sempre as mesmas coisas, sem traumas. Às vezes também saio do comum. Mas tudo isso — o dia-a-dia e o fora do padrão — faz sentido para mim! Mais ainda: faz de mim o que sou.

A rotina não é um mal. É um bem necessário. Quando a sua rotina a incomoda, está na hora de reavaliar seus projetos de vida. Quando você não está satisfeita com a vida e a rotina que conquistou, significa que é hora de rever os caminhos que tomou.

Café com farofa

Ouvir mais do que falar

Um bom papo sempre vai bem. Ainda mais em boa companhia. Mas dizem que a pessoa que é boa de papo, na verdade, é aquela que sabe ouvir o que os outros têm a dizer. Você já parou para pensar nisso?

Minha avó era extremamente criativa e despejava esse seu talento em vários momentos de seu dia simples, até mesmo em tarefas corriqueiras. Na cozinha, sua criatividade aparecia com frequência.

Uma de suas especialidades criativas era o café com farofa. Isso mesmo: farofa salgada — farinha de rosca, ovos e mais qualquer sobra da geladeira. Misture tudo, coloque em uma travessa e leve para a mesa de centro da sala, com um café quentinho para acompanhar. E passe o resto da noite conversando e comendo uma farofa coletiva.

O gosto? É o da fofoca que aparece no papo, da risada gostosa de quem acaba de contar um caso divertido, do prazer de ouvir e de falar. Enfim, farofa com café tem gosto de carinho, de preocupação com o outro, de prazer em contar e ouvir uma história.

Nossas noites de café com farofa eram ótimas. Cheias de palavras, de surpresas, desabafos e aprendizados. Numa dessas noites, eu contava para minha avó uma história longa que havia acontecido comigo. Falava sem parar. De repente, me dei conta de quanto estava sendo enfadonha com minha conversa e perguntei a ela se o meu papo estava chato.

Ela comeu um pouco da farofa, bebeu um pouco de café e disse:

— Minha filha, uma vez um professor me falou sobre as partes que compõem a nossa cabeça. Ele disse que tínhamos dois olhos, dois ouvidos e apenas uma boca. Disse ainda que não achava que Deus tinha economizado quando nos criou. Por isso, a única razão que ele via para que Deus tivesse nos dado dois olhos, dois ouvidos e só uma boca era para que pudéssemos ver e ouvir duas vezes mais do que falamos.

— Nossa, vó! — reclamei. Você não está gostando mesmo da minha conversa...

— Gostei, sim — disse ela. — Tanto que me lembrei dessa história.

A vovó sabia ouvir como ninguém. Enxergava tudo, até mesmo o que estava escondido. Mas não falava nem a metade de tudo isso. Café com farofa e boas histórias. Boa maneira de passar uma noite.

Quanto você ouve? Quanto você vê e quanto você fala? Na busca da medida certa com que você usa seus sentidos está a receita para você se relacionar bem e aumentar sua *performance* nas suas relações pessoais e profissionais. Ouvir mais do que falar: eis um grande segredo, que poucos sabem explorar. Que tal começar a treinar hoje mesmo?

Conclusão

O ano de 2009 vai ficar na história como o ano que começou com um momento histórico: Barack Obama tomou posse como o primeiro presidente negro dos Estados Unidos. Jovem, de árvore genealógica complicada, ele tem um pouco de todo mundo. Talvez não tão bem nascido, mas com certeza muito bem criado, ele se diferencia dos demais simplesmente porque acredita que pode. E pôde chegar lá, na presidência da maior potência mundial, aonde pouquíssimas pessoas acreditaram ser possível. Muito de seu berço, de sua fé e de sua segurança foram construídos *no colo de sua avó*.

Vó é sempre assim: faz-nos acreditar que podemos tudo. E acertam quase sempre nas suas predições.

Ai, ai, ai... Essas avós!... É bem por isso que este livro é dedicado a elas.

Talvez você tenha lido o livro todo de uma vez. Talvez tenha lido histórias salteadas. Não importa a forma que escolheu para saborear a leitura, nem o jeito da sua família — tenho certeza de que você relembrou muitas das histórias que viveu, refez passos da sua vida e remontou diálogos esquecidos em sua memória. Ou quem sabe vislumbrou tudo o que você ainda tem condição de viver a partir de agora.

Como era mesmo o seu cotidiano na infância? Você acordava, ia para a escola... Tinha café da manhã? O que você comia? E quando voltava da escola, quem estava em casa? Como e com quem você fazia a sua lição escolar? Como isso foi importante para você e quanto ainda vai ser importante daqui para a frente?

Não importa a sua idade hoje. Você pode ser muito jovem, começando a vida, ou, como a minha avó, muito experiente. Mas uma coisa é certa: serão as suas lembranças que darão consistência ao seu dia-a-dia e ajudarão você a decidir a cada novo caminho que tiver de tomar. Embora nossas lembranças, em geral, sejam truncadas — talvez por efeito da tal memória seletiva, que nos faz lembrar apenas dos fatos mais marcantes: as primeiras vezes de tudo, algo que tenha acontecido de muito errado, ou de muito certo, uma grande emoção, e por aí afora —, o restante da nossa história surge como sentimentos, como reações a situações e pessoas. Juntas, as lembranças que não temos com tanta clareza e outras que contamos com detalhes moldam as impressões que temos do mundo.

Somos frutos da sabedoria cotidiana, contida na bronca da mãe, na atitude do pai, no olhar cauteloso da avó, no jeito matreiro da tia mais jovem. As pessoas da nossa família, do nosso convívio, se instalam na nossa alma como arquétipos vivos e perfeitos, possibilitando que sejamos vários, que compõem um. Hoje sou como minha mãe, amanhã serei um pouco meu pai, no momento seguinte serei como minha tia. Somos um pouco de todos com quem convivemos e sempre cabe mais alguém especial e importante para nos completar.

Se você parar agora para pensar, para deixar suas lembranças fluírem na sua alma, vai recordar-se de momentos em que agiu como seu pai, como sua mãe, seu tio, um primo... Ah! Vai lembrar também que em algumas atitudes você acertou mais, porque agiu de forma diferente de alguns familiares — o erro deles ficou marcado e você não o repetiu. Isso tudo se chama aprendizado!

Conclusão

Algumas dessas histórias que você leu neste livro talvez mostrem dilemas cotidianos que você pode ainda nem ter vivido, mas que é quase certo que um dia viverá. Embora alguns mais assustadores que outros, todos são comuns à nossa passagem pela vida. E aí, nesse momento em que, de surpresa, você se vir numa dessas situações ainda não experimentadas, poderá lembrar-se dessas histórias e terá um jeito novo de lidar e superar eventuais problemas.

O tempo que vovó destinava a nós era parte importante do seu jeito de contribuir para a nossa formação, seus netos de visitas inconstantes e presenças barulhentas. Não importava para ela se íamos todos os finais de semana à sua casa, ou uma vez por mês, na hora em que chegávamos ela parava tudo o que estava fazendo para conversar conosco e, mais do que nos sentir, nos perceber. E como é importante ter alguém que nos perceba!

Depois de terminar esta leitura, talvez você tenha concluído que sua avó foi mais especial que a minha, ou que talvez você não tenha tido uma avó assim, mas teve uma tia sensível, inteligente e com vivência suficiente para fazê-la sentir-se especial. Talvez esse papel tenha sido de sua mãe, talvez... Talvez, não importa que idade tenha, você sinta até vontade de começar a rascunhar um livro também com as suas histórias, as suas lembranças de infância.

Essa foi a minha forma de provocar você. Contei as minhas histórias, as minhas lembranças, como uma janela para você se lembrar dos seus aprendizados, das pessoas que lhe são caras e especiais. E quando você se lembra das histórias de sua vida, dos aprendizados do cotidiano, você descobre mais de você mesma. Lembra-se fortemente de seus princípios e os defende de forma mais objetiva.

Além disso, é muito importante também viver "antenada" no que a vida está lhe ensinando. Pare para ouvir uma história do seu tio, puxe uma conversa com sua avó, pergunte ao seu avô como ele se saiu com a primeira namorada. Ah! Você terá tantas boas surpresas! Você descobrirá tantas coisas boas que estão ao seu redor!

Respeitar a sua própria história, entender seus princípios e sua maneira de perceber o mundo pode fazer a trajetória de sua vida mais leve e mais segura.

Ao mesmo tempo, a vida nos ensina que errar faz parte das tentativas de acertar. Invariavelmente, colecionamos erros e acertos. Por mais que tentemos agir com a expectativa do acerto, errar, mais do que humano, também é essencial para a formação da nossa história. Se você é jovem o suficiente para ter colecionado poucos erros, aqui está uma boa notícia: sofra menos a cada erro e corra atrás de sua felicidade. Você não é a primeira nem a única a viver essa situação, e, acredite: você ainda vai errar muito e acertar muito. Por isso, relaxe e viva a vida plenamente.

Hoje me sinto plena quando conto uma história vivida por mim para exemplificar outra que um dos meus jovens esteja vivendo. Mais do que nos dar uma licença poética, a vovó nos permitiu usar histórias, com certa cara de nostalgia, para ensinar.

Por fim, depois do livro pronto, de histórias lidas e relidas, me enchi de saudade. Lembrei-me de mais momentos, de mais pessoas. Do jeito de a minha mãe enfrentar a vida como se todos os problemas fossem fáceis de resolver, de o meu pai ter uma mineirice tão profunda!... Tios, primos, amigos, amores... Todos tão imprescindíveis no meu livro de histórias, na minha cartilha em que consta o bê-á-bá da vida.

Não me restou alternativa a não ser pegar minha saudade no colo e embalar todos os retalhos desses momentos com carinho. Mais uma vez me lembrei da vovó, que muitas vezes me falou sobre a bondade desse sentimento chamado saudade — que às vezes faz doer a alma, é verdade. Mas que existe para nos lembrar que a vida vale a pena.

Conclusão

Por meio da saudade vivi novamente muito da minha vida e senti o abraço apertado do meu avô, o primeiro beijo na boca, que me arrepiou inteira, as brincadeiras de infância com meu primo amado, as noites acordadas regadas a fofocas entre mim e minha irmã. Sorri e chorei simultaneamente, e, quando completei minha passagem de tempo, guardei a saudade num lugar muito especial do meu coração e passei horas ao telefone falando com pessoas especiais e contando a elas o quanto são importantes para mim.

Agora, quero deixar para você alguns recados muito especiais. O primeiro é para que você não tenha medo nem preguiça de se lembrar da sua vida e das lições nela contidas. Foram elas que a encaminharam para as suas verdades. O segundo é que errar ou acertar importa muito menos do que o seu desejo de sempre fazer as coisas certas. Por isso, esteja sempre perto dos jovens — com a sua ajuda eles terão mais chances de se tornarem ainda melhores. E o terceiro, e talvez mais importante recado, é para você proporcionar a si mesma momentos a fim de sentir integralmente a saudade, sem reservas, sem medo, sem se poupar de nada. Porque é a saudade, e só ela, que tem a medida certa de todos os seus sentimentos.

Vá em frente, fazendo a sua história, com a certeza de que a vida é uma deliciosa montanha-russa, cheia de curvas perigosas, de sobe-e-desce assustadores. Mas que, acima de tudo, sempre vale a pena!

Com todo o carinho,
Ellen

Carta a um médico

Os médicos marcam presença na nossa vida desde que nascemos. As mãos deles são as primeiras a nos segurar. Daí pra frente, sempre nos encontramos, e, normalmente, em situações em que nos sentimos vulneráveis. Talvez por isso eles marquem tantos momentos nossos. Médicos... Ah, se todos eles soubessem que podem fazer a diferença!...

Depois da morte da minha avó, enviei uma carta ao médico que esteve com ela até seus momentos finais. Transcrevo aqui na íntegra a carta enviada juntamente com um CD que continha a música de Tom e Vinicius:

"Se todos fossem iguais a você..."

A importância do médico na vida de qualquer pessoa é indiscutível. E na hora da morte? Acredite, é ainda mais importante.

Segunda-feira, dia 23 de julho de 2001. Eu levava minha avó ao IBCC — Instituto Brasileiro de Controle do Câncer — para a avaliação do médico que a atende há quatro anos, desde a descoberta de um tumor na mama esquerda. Já muito cansada, respirando com extrema dificuldade e com muitas dores. Após a avaliação, o médico me chamou para conversar. Seu diagnóstico era de que o caso estava muito crítico. Ela deveria ser internada imediatamente e mesmo assim não haveria a menor possibilidade de o quadro clínico de minha avó ser revertido. Não exatamente com essas palavras, mesmo porque naquele momento era difícil, para mim, entender com clareza que ele me avisava de que havia chegado ao fim.

Voltei para ficar perto de minha avó, que estava numa espécie de ambulatório enquanto resolviam sua internação. Já medicada e respirando com auxílio de oxigênio, minha avó me chamou para perto dela e me disse: "Calma, faltam apenas dois ou no máximo três dias para que este nosso sofrimento acabe. Eu me sinto em ótimas mãos, mas estou indo para mãos melhores ainda. Neste final me senti amada, muito querida, e isto foi muito bom pra mim. Obrigada por tudo".

Minha avó foi direto para o quarto e veio a falecer na quarta-feira, dia 25 de julho, às 13h:05min.

Ela teve tudo o de que precisou, especialmente do hospital e do médico que a atendeu. Embora tenha recebido atendimento pelo SUS, pôde ter dignidade em sua doença e seu tratamento. Eu nunca pensei em acompanhar cenas como as que vi: enfermeiras fazendo carinho em seus cabelos, com lágrimas nos olhos ao procurar uma veia e não encontrar, assistente social conversando com a minha mãe.

Naquele momento, o hospital não dispunha de leitos para internação. O médico de minha avó cuidou para que ela fosse internada mesmo assim. Não em corredores de hospital como comumente vemos nos noticiários, mas num apartamento particular, sem ônus para a família. Visitas liberadas 24 horas.

Era tudo de que minha avó realmente precisava — amor das pessoas, poder estar com a família por quem viveu a vida toda e seu único, digamos, luxo de uma vida simples: ela sempre gostou de ter seu próprio quarto. Ela dizia que, para dormir, nada melhor que seu canto. E ela teve.

Não há palavras para agradecer todo o apoio e o excelente tratamento que minha avó e minha família receberam do hospital e de toda a equipe, especialmente a você, Dr. Paulo Rogério Winkler Vernaglia. Achei importante dividir com você e sua equipe as últimas palavras de minha avó, afinal, quando ela dizia estar em ótimas mãos, dizia de SUAS mãos — Dr. Paulo. E quando falo sobre o excelente atendimento do SUS, na verdade quero falar sobre a sua responsabilidade médica, que vai muito além de diagnósticos e remédios, chega ao paciente em forma de carinho e à família em forma de atenção. São remédios como esses de que os seres humanos precisam.

Nada salva, porque a morte é um trecho da vida, mas dignifica a doença, o adeus. Tranquiliza a alma daqueles que ficam com a saudade estampada no peito pro resto da vida.

Dr. Paulo, minha avó adorava conversar comigo, até por telepatia. Eu sabia o que ela pensava, o que ela diria ou faria em cada situação. Eu a conhecia muito bem. Tenho certeza de que faltou para ela pegar na sua mão, como pôde pegar na minha, e dizer-lhe "obrigada por tudo, que Deus o acompanhe eternamente". E como gostava de música e poesia, acho que ela lhe dedicaria uma bossa, uma música eterna, bonita e com balanço calmo, como você; acho que seria *"Se todos fossem iguais a você. Que maravilha viver!"* — e completaria — "e morrer".

Um abraço de toda a minha família, de toda a família de minha avó — suas irmãs, a filha natural, a filha adotiva, os netos e bisnetos. Se algum dia, por algum motivo, precisar de mim, saiba que poderá contar comigo, porque sou agradecida eternamente.

Ellen Dastry
Neta da Ellen de Oliveira Pellini

DIA DOS AVÓS

O dia 26 de julho é quando celebramos o Dia dos Avós, uma homenagem da Igreja Católica a Santa Ana e São Joaquim, avós de Jesus, pais de Maria.

Nessa data, em 2001, minha família se reunia mais uma vez em torno de sua matriarca. Estávamos todos nós, cada um com sua lembrança, cada um com sua despedida. Eu me lembrava de seus últimos dias...

Até na difícil hora do adeus, minha avó ainda teve tempo de me ensinar mais da vida e da morte. Sua calma e delicadeza diante do fim de sua vida deixaram claro que ela sabia que havia deixado amor suficiente para alimentar a alma e a esperança de todos os que ela amou. E deixou. E nos deixou juntos, fortes, como a família a quem ela dedicou a sua vida inteira.

É assim que eu quero viver — e morrer...

Obrigada, vovó!

AGORA, DIGA-ME VOCÊ!

O que você pretende deixar de legado ao mundo? Mais que isso: você já se perguntou o que tem feito para tornar a sua vida uma obra de valor?

Talvez você não se ache tão importante a ponto de ter a obrigação de deixar algo para o mundo. Obrigação você não tem, não! Mas você é, sim, importante o suficiente para deixar algo especial em sua passagem pela Terra: uma árvore, um filho, um livro, um amigo...

Você é especial e o mundo precisa de você. Acredite nisso e deixe suas marcas pelos caminhos por onde passar. Deixe sempre as suas melhores marcas! É tudo o que a vida espera de você.

Este livro foi impresso pela
Paulus Gráfica em papel *offset* 75 g.